# 六星占術による
# 火星人の運命

Ka

# はじめに

皆様、いかがお過ごしでしょうか。母・細木数子《ほそきかずこ》が作った『六星占術』も43年目を迎え、今年も無事に『六星占術によるあなたの運命』を出版することができました。

木星人（＋）の私は、3年間続いた〝大殺界〟がようやく終わりを告げ、2024年は気持ちも新たに再スタートを切るのに相応しいタイミングです。この3年間は本当にいろいろなことがありました。

まず、〝大殺界〟の1年目に母・細木数子が亡くなり、そして〝大殺界〟2年目には我が子のように可愛がってきた愛犬が亡くなる、という悲しい経験をし、改めて〝大殺界〟の辛さを知ったように思います。

こう書くと余計に「〝大殺界〟は恐ろしい」と思う方もいらっしゃると思いますが、他方で〝大殺界〟は人生にとってとても重要な意味があります。

〝大殺界〟は自身を省みて改善点を見つけ、修正し、次に来る好運気に向けて準備をする期間です。つまり、しっかりと休息を取り、心身を労《いたわ》り、無駄なものをそぎ落とし、人生のデトックスをするべき時期なのです。

〝大殺界〟の3年間を長いと感じる方も多いのですが、

・なりたい自分を実現するために「自分を変える」

・やりたいことを叶えるために「準備をする」

と考えれば、3年間ではむしろ足りないぐらいかもしれません。

そして、〝大殺界〟でどんなに辛いことがあろうとも、立ち止まってはいけません。辛い経験から大切なことを学び、前向きな心を育てることが何よりも重要なのです。

私の場合は、すでに母から『六星占術』を継承していましたが、心のどこかでは母を頼りにしていました。その母が亡くなり、悲しい時間を過ごしましたが、その経験をしたことで自分を鼓舞することができました。そして、母が作ったこの『六星占術』をより多くの人に広める強い決意を改めて持つことができたと思っています。

母は生前、社会問題を気にかけ、惜しみなく寄付をする人でした。そんな母の志を汲んで、一昨年からこの書籍の売り上げの一部を、親子をとりまく社会課題の解決に取り組んでいる認定NPO法人フローレンスへ寄付させていただいておりますが、今年も継続して寄付させていただこうと思っています。

2024年も皆様がこの『六星占術』をうまく活用しご自身の運気の流れを掴み、より良い人生を築いていかれることを、心から願っています。

細木かおり

## 第5章 火星人の良い相性、ダメになる相性

# 第1章

# 幸運を招く『六星占術』とは?

# 細木かおりから
# 2024年の火星人へメッセージ

## 火星人(+)のあなたの運気は

## 【安定《あんてい》】

全身にパワーがみなぎり心から楽しく充実した一年を過ごせるでしょう。

やるべきことは年内にすべて終わらせ、来年からの“大殺界”に備えておくことが重要です。

## 火星人(−)のあなたの運気は

## 【財成《ざいせい》】

2024年は最高の財運です！

人との出会いにも恵まれる一年なので積極的に人と関わることで、あなたの人生がより豊かになるでしょう。

# 火星人の特徴

# チェックリスト

☑ **プライドが高く**人見知り

☑ 一度心を許した人とは、**とことん信頼関係**を築こうとする

☑ **ミステリアスな雰囲気**で人を惹きつける

☑ 自分の世界、**好きなことをとにかく大切にする**

☑ **超マイペース**で、周囲の言葉には耳を貸さない

☑ **天才肌**で、できない人の気持ちがわからない

☑ ウソや**物事の本質を見抜く**力があり、現実を冷静に分析

☑ 何を考えているかわかりづらく、**本心は明かさない**

☑ 頼られたり、**「すごい！」という言葉がモチベーション**

☑ 感性が鋭く、六星人の中で**芸術的センスが抜群**

☑ プライドが高く、好きな人に**積極的になれない**

☑ 目下の人にはあまり好かれず、**目上の人にはウケがいい**

☑ 寂しがり屋だけど、素直に甘えられず**束縛が嫌い**

☑ **セックスが好き**なのに、それを言いたがらない

☑ お金にルーズで**衝動買いをしがち**

# 『六星占術』とは何か？

## 『六星占術』を一言で説明すると、「人が幸せな人生を歩むために必要な羅針盤《らしんばん》」です

「こうしなければならない」「〇〇しないと幸せにはなれない」という指図ではなく、幸せや成功に向けてどんなルートをどのように進めばいいのか、という指針をわかりやすく示してくれるのが『六星占術』です。

『六星占術』では、6つある運命星のうち、自分がどれに属するかを、生年月日によって割り出します。運命星によって、それぞれ持って生まれた性格・資質は違います。運命のリズムもさまざまです。

人生には良い時期と悪い時期、その両方が必ず誰にでも平等にめぐってきます。しかし、その時期をあらかじめ知ることができ、自分の人生がこの先どのような流れをたどっていくかがわかれば、安心して人生を送ることができるでしょう。

自分の運命のリズムに、自分の性格を、またときには周りの人の性格も重ね合わせながら行動していけば、恋愛・結婚はもちろん、就職・転職、事業・商売の起ち上げ、マイホームの購入、子供の進学など、人生の重要な課題に的確なタイミングと方法で対応できるようになるのです。

## ◆『六星占術』のルーツは古代中国の統計学

『六星占術』の起源は、いまから4000年以上も前の古代中国にさかのぼります。その時代、中国では自分の領土を拡大し、より多くの人を支配しようとする王達による戦争が繰り返されていました。そんな中、ある王は、自分の部下達が日々の戦いによりむやみに無駄な血を流して亡くなっていくことに心を痛めていました。そこでこんなことを考えついたのです。

自然界は一定のリズムを刻み繰り返している。植物は春になると芽を出し、夏には花を咲かせる。秋には葉が色を変え栄養を蓄え、冬は休む。ともに自然界に生きている人間も同じサイクルで生きているのではないか？　精力的に活動できるときもあれば、ゆっくり休んで体力や気力を回復させた方がいいときもある。そのリズムを解明し、敵のパワーが落ちるタイミングで攻めることができれば効率良く領土を広げられるのではないか。

王はさっそく聡明な家臣に命じ、その「一定のリズム」がどのようなものなのかを解析させました。すると、男女、年齢、地位、職業などさまざまな要素に関係なく、誰もが、自然界─宇宙が刻む時間のリズムに従って生きていることがわかってきたのです。

そのサイクルをもとに統計を取ってみると、どんな人にも、エネルギーが上昇する時期と下降する時期があること、しかもそこには一定の周期があることも見えてきました。それが「運命のリズム」です。

そこで、王はそれをもとに戦略を練ります。敵のパワーが弱くなっているときに攻撃を仕掛けると、拍子抜けするほど簡単に勝つことができました。逆に、自分達のパワーが下降しはじめると、戦況がどんなに優勢であっても兵を引き揚げ、気力、体力ともにエネルギーを蓄えさせました。その法則を使い効率良く領土拡大に成功したのです。

中国では、この統計学に基づいた秘策が権力者である王によって伝えられ続けてきました。そのデータをベースに細木数子が編み出したのが『六星占術』なのです。

## ◆なぜ『六星占術』は当たるのか？

40年以上もの長い時間、『六星占術』はたくさんの方々の人生に寄り添い、幸せへの道を示してきました。その結果、読者はいまや3世代にわたっています。細木数子が『六星占術』を世に広めた頃の読者さんのお子さんが結婚され、さらにそのお子さんがこの本を手に取ってくれています。そんなご一家が毎年のように増え続けているのです。

先にも述べましたが、なぜこの書籍がこれほど長く愛され続けているのかといえば、それは『六星占術』がひとりひとりの運命を実に正確に言い当ててきているからです。

**『六星占術』のルーツは、4000年前の中国から伝わり、それ以来、長い時間をかけて育まれてきた統計学です。その的中率には確かな根拠と絶対的な自信を持っています。**

人間のエネルギーが上昇したり下降したりする「運命のリズム」を的確に割り出すことができ、幸せへの道筋をまっすぐに歩んでいくことができるのです。逆に、それを知らずにいると、無用な苦労を味わうことになります。

人は悩みを解決するのに多くの時間を費やしてしまいます。でも、『六星占術』を活用することで、恋愛、仕事、勉強、人とのコミュニケーション、家事や子育てなどがスムーズに運び、どんな人でも生活のベースを一定のレベルに保つことができるのです。

## ◆『六星占術』は最適なコミュニケーションツール

いまは老若男女がスマホやパソコンを使いこなす時代です。情報や欲しいものが簡単に手に入り、直接人と関わらなくても支障をきたさず生活を送れるようになりました。

便利になった反面、人とのコミュニケーションが希薄になりつつあります。

若い世代ほど、自分の意見を伝えたり、ケンカをして仲直りをしたり、人を愛したりするなど人との接し方がうまくできない人が増えているのです。最近のテレビや新聞を賑わすニュースも、人とのコミュニケーションの方法を知らないために起こることが多いのではないでしょうか。

**「人」は「人」と関わってこそ、心から豊かな生活が送れるのです。『六星占術』を使って、円滑なコミュニケーション作りに役立ててください。**詳しい活用方法は次の項からご説明いたしましょう。

## ◆まずは自分を知ること

人間関係のトラブルは、ほとんどが思い込みや勘違いからはじまります。いまも昔も「人」は「人」で悩んでいるのです。100人いれば100通りの考えがあって当たり前。だからこそ、自分が思っていることと、相手の考えていることが違うのは当然のことです。「なんでわかってくれないのか」「どうしてそう考えるのか」……相手の思考が理解できず、腹を立てたり悩んだりしても、感情や時間の無駄遣いでしかありません。

人間関係のトラブルは、本当の自分をわかっていないことからはじまります。自分は何を大切にしているのか？　何をされると嫌な気持ちになるのか？　考えてみてください。自分を知って、自分を愛せてこそ、人は他人から信頼され愛されるのです。**『六星占術』は、人がどのような思考を持っているのかを6つの運命星を通して知り、考えてみることの手助けをします。**まずは〝自分〟を知ることからはじめてください。そうすることで、相手の気持ちも理解できるようになるものです。

## ◆占いの結果より、大切なのは「心」

「衣食足りて礼節を知る」という言葉からわかるように、人間の生活のベースは「衣・食・住」です。衣食住＝土台が安定していれば、「礼節（礼儀と節度）」を踏まえながら、人間らしく生きていけるようになります。

「礼節」と言うと難しく思えるかもしれませんが、要は私達の「心」のことだと、細木数子は教えてくれています。また、**「占いの結果より大切なのは『心』だということを忘れてはいけない」**とも。

私達の行動はすべて「心」からはじまります。悩み苦しむのも「心」なら、それに対処するのも「心」です。「心」が丸くて健康に保たれていれば、悩みの受け止め方も違ってくるでしょう。**『六星占術』は幸せへの道しるべであると同時に、私達の「心」の**

**あり方を改めるきっかけにもなるのです。**

## ◆時間とともに生きる人間の運命と『六星占術』の関係

時間とともに生きている人間にとって、その時間との関わり方こそが過去・現在・未来の運命を知るヒントになるはずです。

先にも触れましたが、『六星占術』のルーツは古代中国にさかのぼります。以前からあった天体の動きについての研究である「暦学《れきがく》」や「天文学」などから発展した「万象《ばんしょう》学《がく》」「算命学《さんめいがく》」がそれです。「万象学」や「算命学」は、天体の動きと、その一つである地球で暮らす私達人間との関わりを明確にするために生まれたものです。これらの研究により、自然界—宇宙が刻んでいるリズム＝時間と、この地球に生きているすべての生物の活動レベルは、目に見えないところで密接に通じていると考えられるようになりました。もちろん、人間にもそのリズムが反映されています。

４０００年前の中国では、自然界—宇宙が「空間」と「時間」から成り立っていると考えられていました。つまり、**人間は地球という空間で、時間を生きている、正確には〝生かされている〟**ということになります。

『六星占術』は、時間とともに変化していく私達ひとりひとりの人生を「運命」として捉え、その仕組みとあり方を明白にしたものです。時代がどんなに進化したとしても、その流れは絶対に変えることができません。

人間が〝時間を生かされている〟とすれば、どのような周期で運気がめぐってくるか、その法則を学べば、ひとりひとりの「運命のリズム」も手に取るようにわかるはずです。

それだけではありません。「運命のリズム」は、ときには粛々と、ときには荒々しく流れていきます。それと同じく、私達人間も一定のリズムに従って生きているというのが、『六星占術』が教えてくれるいちばん大切な本質なのです。

## ◆『六星占術』の上手な活用方法

『六星占術』には大きく分けて5つの上手な活用方法があります。

### 1・本当の自分の可能性を知ることができる

まず、基本性質を知ることで、いままで気が付かなかった自分の素質、適性など潜在能力を知ることができます。それによって、自分にはどんな生き方がふさわしいのか、どうしたら幸せな人生を歩んでいけるのかに気付くことができるのです。

## 2・人間関係がスムーズになる

自分について知ることで、周りの人達の考えや思いにも気付くことができます。そして、自分の考えを人に理解してもらえるようになるのです。〃自分〃と〃相手〃を知ることで、人とのコミュニケーション能力を格段に上げることができ、人間関係でのストレスを軽減することができるのです。

## 3・人との相性を分析

恋愛、結婚、仕事など、人と大きく関わるタイミングでは、人との相性が大切になってきます。人との相性の傾向を知ることができれば、的確に対策を練り、うまく立ち回ることができるのです。人生のパートナー選びや、職場、家庭での人間関係であなたの強い味方になってくれます。

## 4・自分の運勢を把握

この本には年、月、日の運勢が記載されています。例えば、「大切な商談をするには、A日より、B日の方が運気が良い」「家の購入は〃大殺界《だいさっかい》〃の時期は避けよう」など、重要な判断や大切なことに関して、自分にとって良い日程を割り出し行動することができるのです。いつ自分のエネルギーが増し、いつパワーが落ちるのか。その運勢がわかるからこそ、効率的に良い結果を招く確率が上がります。

## 5・子供の性格を知り、個性を伸ばす育て方ができる

自分の子供といえど、その個性はさまざま。それぞれの性格や潜在能力を知ることで、個性や良い部分を伸ばす育て方ができます。

これらはほんの一例です。生活のありようが変わっていくにつれ、男女それぞれが抱える問題や悩みも、多様化、複雑化することでしょう。そうした時代や社会の変化に合わせ、柔軟に、また賢明に生きていくためにも皆様の毎日にどうぞお役立てください。2024（令和6）年が皆様にとって、幸せな人生を築くための第一歩になることを願っています。

## 〃大殺界〃とは？

### ◆12の数字と『六星占術』で見る人間のリズム

『六星占術』のルーツである「万象学」「算命学」によると、自然界―宇宙は12年という周期で活動していると結論づけられています。一方、人間は一日を午前と午後に「12」という数字を基準に区切っています。また、一年は12ヵ月、干支《えと》を指す十二支も、もとはと言えば時間を指すものでした。

宇宙とともに生きている人間のリズムも、やはり12年を一つのサイクルとしてめぐっているのです。〃栄枯盛衰《えいこせいすい》〃という言葉もあるように、この世のすべてのものは栄えたり衰えたりを繰り返しています。物事が盛んな興隆時期は永遠に続くのではなく、その逆もしかり、没落している時期もずっとは続かないのです。

そうしたエネルギーの変化を時間の流れと重ね合わせて考えれば、「運命のエネルギー」も時々刻々《じじこっこく》変化し続けていると考えて不思議はありません。その変化をわかりやすく、12日間、12ヵ月間、12年間と区切りながら教えてくれるのが『六星占術』です。

## ◆〝大殺界〟は人生の冬の時期

人生を四季に例えるなら、〝大殺界〟は冬に当たります。冬は、ほとんどの生物が活動をストップします。逆に言うなら、この季節は頭を冷やしましょう、体を休ませましょう、体力や気力を蓄えましょうという、自然界―宇宙からのメッセージでもあるのです。

では、その人生の冬の時期にはどのようなことが起こるのでしょうか。

・勢いに乗っていた仕事にトラブルが起こり、停滞してしまう。
・結婚寸前まで話が進んでいた相手と別れる。
・親友との関係が急にぎくしゃくしはじめる。
・合格確実と言われていた受験に失敗する。

この時期に起こることを具体的に挙げてみると、数え切れないでしょう。そうした時期のことを、『六星占術』では〝大殺界〟と呼んでいます。

その漢字からも想像できるように、**〝大殺界〟のときは誰しも平等に「運命のエネルギー」が大きくダウンし、自分が自分でなくなってしまいます。**そのため、何をやってもうまくいかなくなります。だからこそ、〝大殺界〟は注意が必要な時期と言われるのです。『六星占術』の運気で言うと【陰影《いんえい》】【停止《ていし》】【減退《げんたい》】がそれに当たります。

ただ、よく考えてみると、この時期にそのようなことが起こるのは、不思議でもなんでもありません。どんな丈夫な人であっても、毎日ハイペースで働き続けることはできません。また、どんなにうまくいっていることであっても、よほどの幸運に恵まれない限り、最後までそのままの状態を保つというのは、まずありえないでしょう。

人間はワガママですから、常に運気のリズムが絶頂であってほしいという気持ちを抱いてしまいます。その結果、現実の前に冷静さを失い、焦って無理をしてしまうのです。

そうして考えてみると、〝大殺界〟というのは、ともするとワガママで自分本位、また周りの状況を考えに入れようとしない人間の生き方に対する警告と捉えることもできます。

## ◆人間は宇宙や自然とともに生きていくもの

人間は自分達が思っているほど偉大ではありません。所詮《しょせん》は宇宙と、そして自然とともに生きていくしかないのです。しかし、私達はついそのことを忘れてしまいがちです。大切なのは、私達は「生かされている」ということを知ることです。自分達の力だけで生きていると過信してしまいがちですが、これほどに傲慢《ごうまん》なことはありません。

人間はついついその根本的なことを忘れてしまう生き物です。近年の環境問題もそういう人間のエゴが悪い形で現れた一例ではないでしょうか。

自然界に生息する生物と人間には決定的な違いがあります。それは人間には「心」があるということです。それが故にワガママで、自然界―宇宙から離れ、自分勝手なリズムを刻もうとします。その結果、さまざまな悩みやトラブルに襲われることになるのです。

考えもなしに目の前の現実だけを追っていると、「運命のエネルギー」が減少したとき、焦るばかりで、その結果、とんでもない事態を招きかねません。しかし、『六星占術』を**学んでいれば、〝大殺界〟の時期をあらかじめ把握し、人生の計画を事前に立てることができるのです。**

人間は自分の考えや意思だけで生きているように思いがちですが、所詮《しょせん》は自然界―宇宙の中で生かされている存在です。その大原則を忘れてしまい、自分の力だけで生きていると思ってしまうところに、幸せになれない原因があると言っていいでしょう。

## 〝大殺界〟を乗り切るための方法

〝大殺界〟を無事に、あるいは最小限のダメージで乗り切るにはどのようにすればいいのでしょうか。そのための5つの方法をお伝えしたいと思います。

### 1・まずは自分の〝大殺界〟の時期を知ること

〝大殺界〟は四季で例えるところの、人生の冬の時期です。自分にとって、その冬がいつなのか。まずは「運命のリズム」を正確に把握することからはじめてみましょう。

幸せで豊かな人生を歩むためには、人生の計画を立てることが必要不可欠です。〝大殺界〟の時期は、確実に運命のエネルギーが減少します。自分にとって大事なことに最大限のパワーで挑めるタイミングを知ることこそが、成功への近道なのです。

### 2・人生を左右する決断は絶対にしない

〝大殺界〟のときは、自分の意思で何かをはじめない・しないということが重要です。

結婚、就職、転職、引っ越し、転校、独立・起業、会社の設立、お店を開く、家の新築・

リフォーム、マンションの購入、改名……など、人生を左右するような決断は絶対に避けてください。

先にお話ししたように、〝大殺界〟は人生の冬。本来は休み、備え、蓄えるべきときです。エネルギーが大幅に減り洞察力・思考力・判断力など、生きていくのに必要なパワーもダウンしてしまっています。その時期にあえて新しいことをスタートさせても、本来の力が出せない可能性の方が高いのです。

## 3・無理をせず、常に心にブレーキを!

人生では自分の意思だけで時期を選べない場合もあります。転勤や部署の異動を命じられ、それを「〝大殺界〟なのでお断りします」などと言うわけにはいきません。だからこそ〝大殺界のときに大きく動いた〟ということをよく自覚し、けっして無理をしないようにしてください。また、子供の進学に受験を伴う場合があります。例えば、入試が行われる年や月が〝大殺界〟だからといってもやめさせるわけにはいきません。子供に「受けたい」という気持ちがあれば、そうさせてあげましょう。間違っても「〝大殺界〟だからやめておきなさい」などと口にしてはいけません。ただ、〝大殺界〟のときは、その子が実力を出し切れないこともあります。そうした場合に備えておいたり、温かい言葉をかけ励ましてあげれば、子供のダメージも最小限で済むはずです。

これだけ念を押していても、人は自分を過信してしまうことがあります。〃大殺界〃のときは自分の思うようにならないため、一度つまずくと焦り悪循環に陥ってしまいます。無謀な挑戦を繰り返すのではなく、ここは心にブレーキを！　はやる気持ちを抑えて、いま一度、方法や計画を見直す時間に充《あ》ててください。

## 4・未来の準備をする3年間に

「〃大殺界〃なので、何もしなくてもいいんです」と、間違った捉え方をしている人をたまにお見掛けします。もう一度お伝えしますが、〃大殺界〃の時期は、体力や気力を蓄えながら人生の良いタイミングに備える期間でもあるのです。

稲作農家の仕事に例えるとわかりやすいでしょう。春に田んぼを耕し、田植えをし、夏に実った稲を、秋に収穫します。では、冬は田んぼ仕事がないからといって遊んで暮らしているのかというと、そうではありません。来年また稲を収穫するために、冬は農具の手入れや、種の準備に充《あ》てているのです。〃大殺界〃明けにめぐってくる好運気のための計画を立て、パワーを養いながら3年間を有効な準備期間に使いましょう。

## 5・運気の良い人に手を貸してもらう

〝大殺界〟の期間は、自分の判断や思考が間違っていることがあります。そんなときは自分の殻に閉じこもらず、思い切って良い運気の人に頼ってみましょう。良いアドバイスが聞けたり、相談に乗ってもらっているうちに心が落ち着いてくるのを実感できるはずです。

# 〝中殺界〟と〝小殺界〟はどう過ごすべきか？

〝大殺界〟以外にも、人生には、休んだ方がいい時期、あるいはじっと様子を見るべき時期が存在します。〝大殺界〟のときほどではないにしても、不幸やトラブルが起こりやすいのが〝中殺界〟と〝小殺界〟です。

## ◆精神面が乱れる〝中殺界〟

『六星占術』の運気で言うと、〝中殺界〟は【乱気《らんき》】です。精神面にダメージを受けるようなトラブルが生じやすくなります。ストレスが溜まると自分の意思とは無関係に、思ってもみないような行動に出てしまうのが〝中殺界〟の大きな特徴です。

また自分に不利な状況を作り、これまでの努力が無になる恐れも。この時期は何があっても、自分の心をコントロールすることに努め、ストレス発散を心がけてください。

## ◆肉体面に疲れが溜まる〝小殺界〟

〝小殺界〟は【健弱《けんじゃく》】に当たり、健康面でダメージを受けやすい状況になります。知らず知らずのうちに溜まった疲れが肉体面に顕著に現れてきます。体調が優れないときは大事を取り、早い段階で医療機関に相談しましょう。

【健弱】のときに無理をすると、肉体面、経済面、愛情面にも悪影響が及ぶことがあります。何事も慎重に日々の疲れを癒やすことが〝小殺界〟を乗り越える秘訣《ひけつ》です。

# 運命のリズムとは？

## ◆『六星占術』で説く「12」の運気

P20の〝大殺界〟のところでも少し触れましたが、『六星占術』のルーツである「万象学」「算命学」に説かれているさまざまな理論の中で、特に現代人が親しみを感じるのは、「12」という数字が時間を計る単位として用いられていることでしょう。一日は昼間が12時間、夜が12時間。一年は12ヵ月に区切られています。

また、「12」というと、十二支を思い浮かべる人も多いのではないでしょうか。十二支とは子《ね》・丑《うし》・寅《とら》・卯《う》・辰《たつ》・巳《み》・午《うま》・未《ひつじ》・申《さる》・酉《とり》・戌《いぬ》・亥《い》のことで、もとはと言えば時間を指すものでした。

真夜中のことを〝草木も眠る丑満時《うしみつどき》〟とも言います。「満《み》つどき」とは丑の刻《こく》（午前2時の前後1時間を指す）が満ちてくる頃、つまり午前3時を意味しています。たしかに、人間はもちろん、こんな時間に活動する生物などほとんどいないので、「草木も眠る」と表現したのです。昼の12時間は活動していても、夜の12時間は休まなくてはいけないと、昔の人達は考えていました。12時間ごとに、生物を取り巻く環境は真逆になり、それに従って行動も変わるということです。

人間の一生もそのサイクルによく似ています。

〝栄枯盛衰《えいこせいすい》〟という言葉があるように、この世のすべてのものは栄えたり衰えたり、茂り盛んなときを経て枯れ落ちゆく流れを絶えず繰り返しています。

エネルギーの変化を時間の流れと重ね合わせて考えれば、「運命のエネルギー」も時々《じじ》刻々《こっこく》変化し続けていると考えて不思議はありません。その変化とはどんなものなのか――それをわかりやすく、12日間、12ヵ月間、12年間と区切りながら教えてくれるのが『六星占術』です。

## ◆「12」の運気について

では、占命盤《せんめいばん》に示されている12の「運気」について説明しましょう。どの運命星も、その運命周期＝運気の順番は同じです。自分の運命星と運命周期を正しく知り、それに従って生きていけば、自然界―宇宙のリズムに合った素晴らしい人生を送ることができます。

細木数子は『六星占術』を編み出す以前、水商売をして生計を立てていました。軌道に乗っている時期もありましたが、人にだまされたり裏切られたりして、借金を抱え苦労した時期もありました。成功している人と自分はいったい何が違うのだろうと、悩み苦しんでいました。そんな中、この「運命のリズム」の法則に気が付いたのです。

それからというもの、人生の良い時期、悪い時期を見極め、その時期に適した行動に徹しました。そうすることで一気に人生を好転させることができたのです。では、その12の運気を詳しく見てみましょう。

# 運命のリズム・12の運気

## 春　小殺界

### 種子《しゅし》

12年間の運命周期のスタート。仕事、恋愛、家族、人間関係、お金、健康などすべてが良い方向へ向かい出します。新しいことをはじめるチャンスなので、環境を変えたり、人との出会いも◎。

### 緑生《りょくせい》

人生の種が芽を出し成長していく時期。ここではじめたことは順調な経過をたどるでしょう。この時期に出会った異性は本命と考えてOK。ただ、成長途中の芽はひ弱なので油断は禁物。

### 立花《りっか》

将来の方向を決定づける大切な時期。ここでの成功や手にした財産は、人生の基盤になります。ただ、月の〝大殺界〟や日の〝大殺界〟と重なると〝殺界〟のパワーを受けやすいので、要注意。

### 健弱《けんじゃく》

成長過程で溜まった膿《うみ》が出る時期で〝小殺界〟と言います。体調不良、病気、ケガなど、健康面のトラブルに注意。人間関係や仕事でもダメージを受けやすく、自分や周囲を冷静に顧みる時期。

## 夏　中殺界　秋

### 達成《たっせい》

12年に一度の最高の運気。長所を最大限に発揮でき、長年の夢が実現する可能性も。思考力・判断力・集中力・行動力などが最高レベルに。すべてのことが充実し、人生の楽しさを実感。

### 乱気《らんき》

〝中殺界〟と呼び、些細《ささい》なことでストレスが溜まりやすく、精神面に影響が出やすい。結婚、同棲、転職、引っ越しなど、自ら大きく環境を変えるのはNG。現状キープがいちばんの対策。

### 再会《さいかい》

結婚、転職、開業、引っ越しなど、環境を抜本的に変えるチャンス。新しい人との出会いが幸運を呼んでくれるので、人間関係や仕事の見直しを。長年悩んできた問題が解決する可能性も。

### 財成《ざいせい》

やることなすことがすべてお金に結びつく、12年に一度の蓄財のチャンス。仕事運・勉強運も◎。ただ大切な人との別れが生じる心配が。財を得たら世のため人のためになることに使って。

大殺界

# 冬

## 安定《あんてい》

人生の果実を収穫する好運気。出会いにも恵まれそうです。あくせく動き回るより、充実した時間を楽しむのが賢明。新しく事をはじめるのは避け、来年からの〝大殺界〟に備えて。

## 陰影《いんえい》

人生の冬＝〝大殺界〟のはじまり。運気が大きく下降しはじめ、観察力・判断力・集中力が大幅にダウン。周囲の目も厳しくなり、自信喪失ぎみに。焦って動いたり無理したりするのは避けて。

## 停止《ていし》

〝大殺界〟のど真ん中で八方塞がりの状態。人生において孤立を感じることでしょう。大きなミスを犯し、長年培ってきた信用を損ねる恐れも。愛情面もトラブル続き。じっと耐えること。

## 減退《げんたい》

〝大殺界〟3年目、不運の嵐。その人が最も嫌がる部分に禍《わざわい》が起こりやすいのが特徴。ストレスから、精神面でのダメージの恐れも。前年に比べ、気持ちに多少余裕が出てくるのが救い。

# 幸せな人生を歩むための開運五ヵ条

『六星占術』を活用しながら幸せな人生を歩むためには、ご自分の運気を把握しながら一日一日をどのような心構えで過ごすかが重要です。心の曇りを晴らし、自分を成長させる作法を細木数子は毎日実践し、自分の人生を発展させてきました。「どうしたら開運できますか?」と問う前に、まずはこの基本の5つからはじめてみてください。

## その一 健康的な生活を送る

どんなに開運をしたとしても、健康でなければ幸せに近づくことはできません。朝起きて朝日を浴びる。窓を開けて新鮮な空気に入れ替える。こんなにもシンプルで簡単なことが、健康を保ちながら開運に繋がる第一歩になります。
そして何よりも大切なのは食事です。人の体は食べ物で作られているので、一食一食を大切に、自分や家族のためにできるだけ手作りを心がけてください。

## その二 整理整頓、掃除は開運の初歩

「良い気はきれいな場所に流れる」と言われるように、整理整頓や掃除は開運の初歩です。運気が低迷しているときは、どこか散らかって乱雑になりがちです。そういうときは、〝掃除をしないから物事がうまく回らないのだ〟ということを理解してください。

掃除が面倒だという人は、自ら運気を逃しているようなもの。そのくらい身の回りをきれいに保つことは大切なのです。身だしなみのケアもお忘れなく。

## その《》三　先祖を敬い、感謝して供養する

いま生かされていることを頭におくと、先祖への感謝は欠かせません。先祖の住まいであるお墓にまいり、仏壇にも手を合わせましょう。亡き人の好きだった花や酒、趣味のもの等を供えるのは押しつけや自己満足になるので、「好きな色にお染めください」と、過去、現在、未来を表す白菊3本を供えましょう。自分だけの力で生きている人はいません。先祖のおかげでいまの自分があることに気付いて感謝しましょう。

## その　四　時間を大切に、規則正しい生活を送る

人は時間によって生きています。その時間の配分を考え、規則正しい生活を送ることが大切です。ですから、時間を無駄にする、また時間を守らず人を待たせると

いうのは社会でのルールに反する行為です。心の余裕がなければ常にバタバタと行動することになり、良い結果に繋がるはずはありません。常に5分前、10分前行動を心がけ、限られた時間を大切に生きてください。

## 五《その》 人に尽くす心の余裕を持ち、努力する

世のために、誰かのために、という行動は難しいものではなく、誰にでも実践できることです。ですが社会貢献などと大きく考えてしまうと、なかなか行動に移せない人が多いようです。

大切なのは〝こうなってほしい〟と心に自然と発することに向かって動くことです。人に尽くす心の余裕を持ち、努力することが必要です。

## 火星人のあなたの基本性格

- 好きなことを優先し、**自分の世界を大切**にする。
- **鋭い感性**があり芸術的センスは六星人の中でダントツで、**天才肌で奇人変人。**
- 男女ともにしぐさや**スタイルがセクシーで、むっつりスケベが多い！**
- ミステリアスで**人を惹きつけて離さない。**
- **超マイペース**なので、人からのコントロールをとにかく嫌う。
- **人見知り**で、なかなか**本性を明かさない**けど、心を許した人とは、とことん信頼関係を築こうとする。
- **自分を過信**しすぎて、周囲に耳を貸さず、敵を作ってしまうことも。
- 物事の**本質を的確に見抜く**とともに、**現実を冷静に観察**しているので、人生を大きく踏み外すことはない。
- 水守の星でもあり、**お酒好きな人が多い。**
- **目下の人との繋がりが弱い**のが特徴。

# 第2章

# 火星人の基本性格

火星人の恋愛・結婚

# プライドの高さから片想いで終わりがち

スタイルやしぐさがセクシーでチャーミングな火星人。ミステリアスな雰囲気に加え、自分の個性を最大限に活かすファッションセンスにも恵まれているので、周囲の人の心を摑む人が多いでしょう。

ただ、なかなか心の内を見せようとしない傾向があります。相手から好意を持たれても「好きになっていいのか不安になる」「わかり合えない」と引かれてしまう場合も。その点では、人からの好き嫌いがハッキリ分かれる星人と言えそうです。

また、プライドの高さから、自分から異性に声をかけたり告白したりするのは、あまり得意とは言えません。その気になって積極的にアプローチすれば、すぐにでも恋に発展しそうなのに、片想いからなかなか抜け出せないケースが多いのはそのためです。実るはずの恋を何度となく逃してきた人も、少なくないのではないでしょうか。

火星人の恋愛の基本スタンスは〝来る者は拒まず、去る者は追わず〟。そんな冷めた一面は、結婚への道のりにも大きな影響を与えることになるかもしれません。

何をするにも超マイペースで、極度に束縛を嫌う性格も、恋愛のネックになりそう。女性の場合は、妻子ある男性と不倫関係に陥って婚期を逃してしまう恐れが。男性の場合は、仕事や付き合いを優先しすぎて彼女に逃げられソッポを向かれ、それがトラウマになってしまうほど傷つくこともありそうです。

開運のカギ

### ◆より良い恋愛・結婚がしたいなら

お互いの心が通じ合い本格的な付き合いがはじまっても、好きになればなるほど、気まぐれでいい加減な火星人らしさが顔を出します。良い関係が長続きするかどうかは、そうした部分をどれだけ抑えられるかにかかっています。相手の気持ちを考え、ワガママな部分が出すぎていないかを常にチェックしましょう。

自由を愛する火星人は、結婚という形式にこだわらない選択肢があるということも頭に入れておきましょう。仕事に生き、気が向いたら同棲するのでもいいでしょう。自分のペースで気ままな独身生活を楽しむ方が合っているかもしれません。

火星人の家庭・対人関係

# 人見知りで人と打ち解けるのが苦手

コミュニケーションを取るのが苦手な火星人は、目下の人との繋がりが弱いのが特徴。そのぶん、目上の人にはウケがいいところがあります。学生時代は先輩に、就職すれば上司や取引先に気に入られることが多く、自由に伸び伸びとできるでしょう。

人見知りが激しく、初対面の人とすぐに打ち解けるのは苦手。プライドが邪魔をして、自分から積極的に近づいていこうとはしません。相手が話しかけてきてもなかなか本心を明かさないため、職場でもプライベートでも、付き合いの範囲はどうしても狭くなりがちです。

といって、親しい友達ができないわけではなく、一度心を開くと一気に距離を縮めベッタリした付き合いになることも。「ワガママ」と言われることがあっても、自分のペースは絶対に崩さない強さを持っています。その一方で、心の底では、気負わず、本当の自分を見せられる人にそばにいてほしいと願っているのです。

火星人の幸せの拠点は、本来、家庭にあります。小心者でさみしがり屋のところがあるので、自分を守ってくれる場所が必要なのです。家の外で嫌な思いをしても、家族の温かい愛情に包まれれば、心豊かな自分を取り戻せるでしょう。

子供に恵まれたら、子供が大きくなるまでは家庭に目を向ける方がいいかもしれません。仕事と家庭を両立する場合は、うまく時間をやりくりしましょう。

**開運のカギ**

**◆より良い対人関係を築くには**

コミュニケーションの取り方があまりうまくないので、心で思っていることをなかなか言動に移せず、もどかしい思いをすることが多いのではないでしょうか？　天才肌が多い火星人ですが、周りの人はあなたの思考がなかなか理解できません。もう少し部下や子供の目線に合わせる努力をしてみましょう。

六星人の中でも〝殺界〟の影響を強く受ける火星人は、特に結婚のタイミングには注意してください。家庭にトラブルを抱えてしまったり、運気がその後の人生に強い影響を与えます。苦手かもしれませんが、人に心を開く努力をしてみましょう。

火星人の才能・進路・適性

# 鋭い感性を活かした芸術関係が向く

何をするにも超マイペースの火星人。多少のことでは気持ちがブレないぶん、モチベーションが成績に大きく影響します。好きなこと、興味のあることなら、どんな辛い試練にも耐え、努力を惜しみません。プロ意識が高いので、自分の専門分野、得意分野ともなればとことん究めようとします。

目標を達成するためには寝食を忘れて取り組むため、変わり者扱いされることも。それでも、強い意志と粘り強さで本来の力を発揮できれば、満足のいく結果が得られ、周りからの賞賛も手にできるでしょう。

もちろん、〝大殺界〟のときはそう簡単にはいきませんが、火星人が大志を抱けば、この世でできないことはないくらいのレベルに上り詰めるのも夢ではありません。ただし、成功後はワガママが加速し「とっつきにくい人」という印象を与えてしまうことも。実業家なら典型的なワンマンオーナー、芸術家であれば偏屈者と思われ、一緒に仕事をしたくないタイプに名前を挙げられてもおかしくなさそうです。

開運のカギ

## ◆生まれ持った才能をより発揮するためには

好きなことに対しては、強いエネルギーを出せ、夢中で成功まで走り抜けるパワーがあります。なので、仕事選びは、収入のためというより、やりがいが持てるかどうかを基準にしましょう。それが充実した日々に繋がります。

感受性の鋭い火星人に適しているのは、やはり芸術関係。ミュージシャン、ダンサー、陶芸家、画家、イラストレーター、漫画家、スタイリストなど、繊細な感覚で自分の個性を表現するような仕事が向いていそうです。書道、華道、茶道などの分野でも、その道を究めることができるでしょう。

また、火星は〝水守の星〟とも呼ばれ、「水」に関係する職業、海運や造船、水道、防水関係などの仕事に就くと成功する可能性あり。バーやカフェ、レストランといった「水商売」や、ホテルなどの接客業にも向いています。

ただ、女性の場合は、早めに結婚して家庭に入っても幸せになれることを忘れないでください。何かと誘惑の多い水商売に長く携わっていると、なじみ客が付き一時は繁盛しても、最後は身を滅ぼしてしまう恐れがあります。

# 火星人の各界著名人

（50音順）

## －の著名人

### 芸能界

蒼井　優（1985.8.17）
泉　ピン子（1947.9.11）
今井美樹（1963.4.14）
遠藤憲一（1961.6.28）
大竹しのぶ（1957.7.17）
劇団ひとり（1977.2.2）
香取慎吾（1977.1.31）
設楽　統（1973.4.23）
滝川クリステル（1977.10.1）
テリー伊藤（1949.12.27）
西田敏行（1947.11.4）
橋本環奈（1999.2.3）
東国原英夫（1957.9.16）
藤原紀香（1971.6.28）
松本　潤（1983.8.30）
美輪明宏（1935.5.15）

### 文化人

朝井リョウ（1989.5.31）
浅田次郎（1951.12.13）
池井戸　潤（1963.6.16）
横山秀夫（1957.1.17）

### 政財界

片山さつき（1959.5.9）
高須克弥（1945.1.22）
二階俊博（1939.2.17）

### スポーツ界

イチロー（1973.10.22）
大坂なおみ（1997.10.16）
川口能活（1975.8.15）
武　豊（1969.3.15）
宮里　藍（1985.6.19）
横峯さくら（1985.12.13）

## ＋の著名人

### 芸能界

杏（1986.4.14）
安藤サクラ（1986.2.18）
井上陽水（1948.8.30）
岡村隆史（1970.7.3）
華原朋美（1974.8.17）
桜井和寿（1970.3.8）
佐々木　希（1988.2.8）
滝沢カレン（1992.5.13）
竹中直人（1956.3.20）
玉置浩二（1958.9.13）
東出昌大（1988.2.1）
久本雅美（1958.7.9）
広末涼子（1980.7.18）
深田恭子（1982.11.2）
マツコ・デラックス（1972.10.26）
美川憲一（1946.5.15）

### 文化人

鈴木おさむ（1972.4.25）
根岸吉太郎（1950.8.24）
堀江貴文（1972.10.29）
宮部みゆき（1960.12.23）

### 政財界

河村たかし（1948.11.3）
橋本聖子（1964.10.5）
平井一夫（1960.12.22）

### スポーツ界

大谷翔平（1994.7.5）
ダルビッシュ　有（1986.8.16）
八村　塁（1998.2.8）
松井秀喜（1974.6.12）
松坂大輔（1980.9.13）
桃田賢斗（1994.9.1）

# 六星人の性格分布図

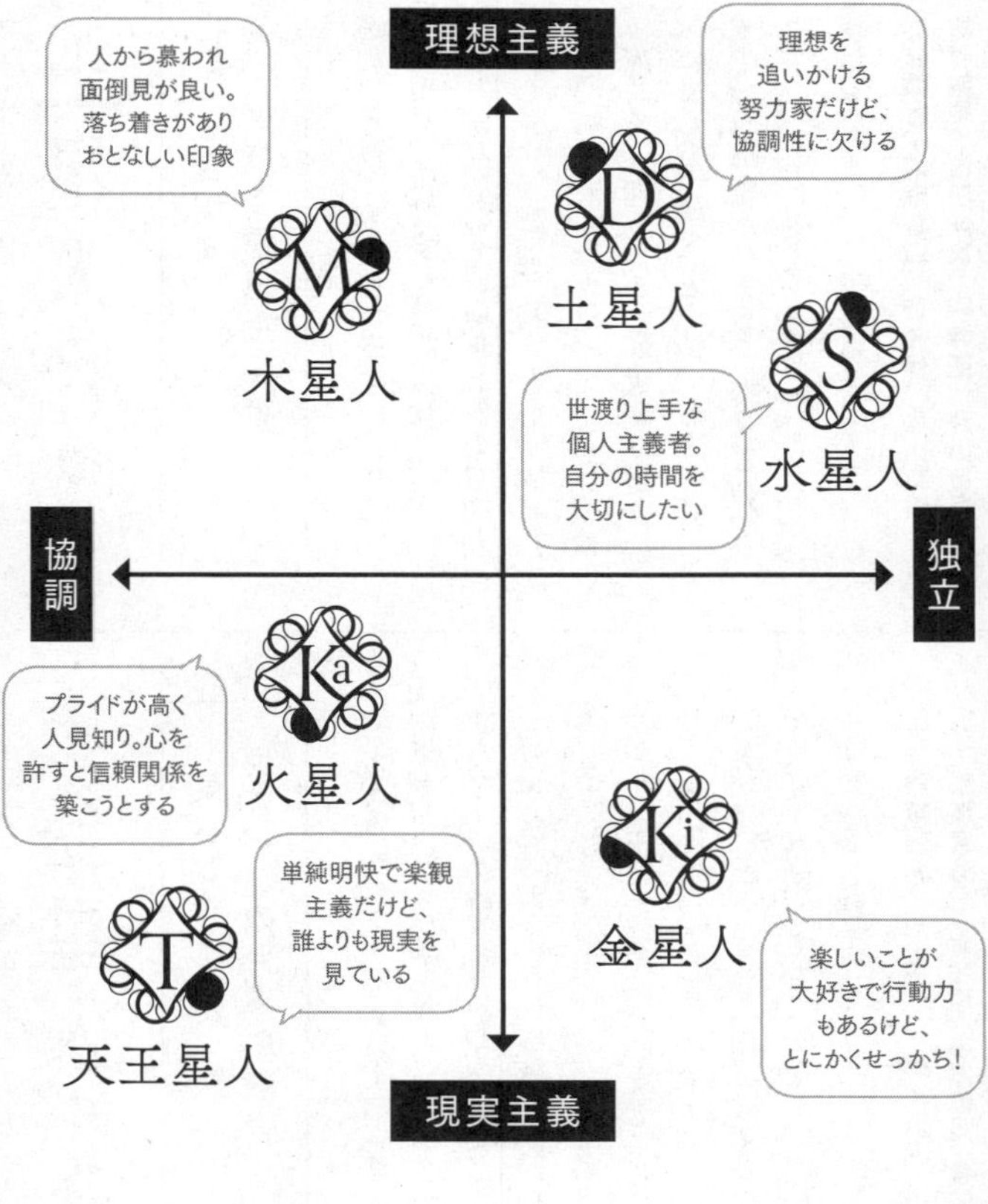


あくまでも目安となる傾向を示したものです。次ページから各星人の特徴を簡単に説明しているので、そちらも参考にしてください。

## D 土星人の特徴

### 常に上を目指す、プライド高き理想主義者

創造力に優れ、真面目で潔癖。常に高い目標を目指して行動する理想主義者です。

プライドが高いので、何事も自力で切り拓こうとします。融通が利かない頑固者に見られがちですが、筋が通っていれば素直に受け入れる一面も。また、近寄りがたい雰囲気に反して、意外と単純でお人好し。

恋愛では心の結びつきを重視するので、セックスにおぼれることはないでしょう。結婚後は家庭を第一に考える常識人。

(十) 有吉弘行、江國香織、菅義偉、松山英樹

(一) 有村架純、山田洋次、柳井正、片山晋呉

---

## Ki 金星人の特徴

### 「楽しむこと」が生きがいの合理主義者

明るくユーモアにあふれ、「楽しむこと」が生きがいの合理主義者。自由奔放で、フットワークの軽さと行動力はピカイチです。

好奇心旺盛で流行に敏感。勘が良く何事もソツなくこなしますが、落ち着きに欠けるのが〝玉にキズ〟。肝心なところでミスをし、信頼を失ってしまうことも。

恋愛は、さまざまな相手と気軽に楽しむタイプ。結婚してもなかなか家庭に落ち着かないかもしれません。

(十) 相葉雅紀、池上彰、デヴィ夫人、中居正広

(一) 稲垣吾郎、二宮和也、小澤征爾、長澤まさみ

## 火星人の特徴

### 感性が鋭い、センスあふれるフィーリング人間

感性が鋭く、芸術センスあふれるフィーリング人間。プロ意識が高く、自分の好きな仕事のためなら、努力を惜しみません。マイペースで人見知りが強く、組織や集団になじみにくいのも特徴。ただ、現実を冷静に観察しているので、道から大きく外れることはないでしょう。

セクシーで魅力的なわりに恋には奥手なところもあります。年下の人、部下・後輩との縁が薄いのも、火星人の特徴です。

**(＋) 深田恭子、堀江貴文、橋本聖子、大谷翔平**
**(－) 蒼井優、松本潤、泉ピン子、イチロー**

## 天王星人の特徴

### コミュニケーション能力抜群の現実主義者

「論より証拠、言葉より行動」が基本スタンスの現実主義者。人当たりが良く、コミュニケーションを大切にするので、周囲には自然に人が集まってきます。

その場の感情に流されやすく優柔不断ですが、逆境にはめっぽう強く楽観的。頑固さにかけては六星人でも断トツです。

恋多き人生で、異性関係はルーズ。浮気や不倫に走る傾向がある一方、結婚後は家族や子供に深い愛情をそそぐタイプ。

**(＋) 大野智、広瀬すず、宮藤官九郎、原辰徳**
**(－) ビートたけし、三谷幸喜、村上春樹、坂上忍**

## 木星人の特徴

**協調性があり、自立心旺盛な大器晩成型**

物静かで落ち着いた印象ですが、実は攻撃的で激しい性格。自尊心も強く、「こう」と決めたら驚くほど大胆に行動します。

協調性があり、自立心旺盛。コツコツ努力を積み重ねていく大器晩成型。六星人でいちばんのエネルギーとパワーを備え、組織のトップに立つ人も少なくありません。

恋愛には慎重ですが、運命を感じた相手にはひた走るタイプ。結婚後は、家族を何よりも大切にする家庭第一主義者。

**(+) 木村拓哉、櫻井翔、羽生善治、東野圭吾**
**(−) 石田ゆり子、羽鳥慎一、伊坂幸太郎、菅野智之**

## 水星人の特徴

**頭の回転が速く、世渡りも上手な個人主義者**

クールで利己的、徹底した個人主義者。目上との縁が薄く、親のサポートを受けているうちは本来の力は発揮できません。

頭の回転が速く、世渡りも上手。目標達成に向け頑張り抜く粘り強さは断トツ。財運がとても強く、カリスマ性もあり、一代で財を築く人も少なくありません。

華やかで異性にモテて、セックスも大好き。ただ、家庭運には恵まれないので、結婚生活を維持するには努力が必要です。

**(+) 桑田佳祐、水谷豊、小泉純一郎、田中将大**
**(−) タモリ、阿川佐和子、小泉進次郎、井上尚弥**

# 第3章

## 2024（令和6）年版
## 火星人の運命

# 火星人の全体運 2024（令和6）年

## （＋）【安定】

【安定】に入った火星人（＋）の人は、これまでの好運気に続き、今年もあらゆる面で充実感が得られる楽しい一年になりそうです。

もともと人見知りの激しい火星人ですが、過去2年間と同様に、今年もその心配はありません。初対面の人とも緊張せずに話ができたり、苦手意識を持っていた人とも不安感なく交流できたりと、さまざまな人とのコミュニケーションを楽しめるでしょう。

集中力が高まっているため、仕事や勉強など、何事も真剣に取り組めば大きな手応えが得られそうです。何か問題が起きても、その原因をすぐに分析して解決に向かうことができます。ただし、要領よく済ませようとしてはいけません。時間と労力をかけて完成させたことは、来年からはじまる〝大殺界〟の間も揺らぐことがないからです。

今年は安定し満たされた一年を送れますが、だからといって何も努力をしないと大きな発展は望めません。これと決めたことは即行動してください。人との出会いにも恵まれて人脈も広がり、気付くと望み通りの展開があなたを待ち受けているかもしれません。

## （一）【財成】

今年はいままで頑張ってきたことの収穫の時期である【財成】を迎えて、恋愛、仕事、家庭など、多くのことが願い通りに実現できそうです。どんなことも順調に進められるので、楽しくて仕方ないという充実した日々を送れるに違いありません。

特に、金銭面は絶好調でしょう。直感だけで動いたことが会社の業績アップに寄与したり、異例の昇格や昇給を果たすこともありえます。ボーナスアップなどの臨時収入が得られる可能性もあるので、お金のやりくりに困ることはないでしょう。

何をするにもマイペースを貫くタイプですが、今年は周囲の人があなたに合わせてくれる場面が増えそうです。これまでのように計画も実行も自分で進めるだけでなく、人と一緒に何かをする楽しさや喜びを発見し、それがまた利益に結びつきそうです。

旅行やレジャーも満喫できるので、思いついたらすぐに行動しましょう。まとまった休暇が取れるなら、行きたかった国や街を訪れるのもおすすめです。美しい風景や文化の違いを垣間見ることができ、それが新しいアイデアや意欲へと繋がるはずです。

## 恋愛・結婚運　2024（令和6）年

### （＋）【心のゆとりが生まれて恋愛・結婚を楽しめる】

充実した時期【安定】を迎えている陽（＋）の人は、どんなことにも大らかな気持ちで接することができます。その精神的な余裕が恋愛や結婚にも好影響を与えて、パートナーや恋人とも大いに楽しい時間を過ごせるでしょう。

気持ちに表れる余裕は、パートナーに求める理想像にも変化をもたらしそうです。これまでは収入や学歴、容姿などにこだわっていた人も、相手がどんな性格の人か、一緒にいるとどんな気分になるか、といった内面に目を向けるようになります。

さらに、そのことがあなた自身をより輝かせることにも繋がりそうです。相手のことを深く知ろうとするあなたの姿勢や表情が、ソフトな雰囲気を醸しているからでしょう。話しかけられたり誘われたりする機会も増えそうなので、ワクワクしたりドキドキしたりするようなシーンを心置きなく楽しむといいでしょう。

二股をかけている人や不倫関係にある人は、早々にケリをつけることが重要です。来年から〝大殺界〟に入るので、気になる問題がある人は、今年中に決着させてください。

## （一）【ありのままの自分で接することがポイント】

好運気の真ん中にいる陰（一）の人にとって、楽しいことや幸せなことがたくさん訪れる一年になるでしょう。本来、人見知りでプライドが高いために、人と打ち解けるのには時間がかかる傾向にありますが、今年は恋愛や結婚に関するコミュニケーションもきわめて良好で、あらゆる場所に恋のチャンスが転がっています。

友人や知人から集まりなどに誘われたら、「知らない人が多そうだから」などという理由で断らず、積極的に話に乗りましょう。マイペースで近寄りがたい雰囲気を持っているあなたですが、今年は周囲に優しい印象を与えられるので、多くの人を魅了して、あなた自身も楽しい時間を過ごせるはずです。

恋人がいない人は、これまで単なる友達や知人だった人が、恋人になったり、結婚まで話が進んだりと、意外な展開が待ち受けているかもしれません。

恋人募集中の人であっても、パートナーがいる人であっても、ありのままの自分を出して、思っていることを素直に伝えることが幸運を呼ぶカギになります。

## ◆火星人(+)の詳しい恋愛運

**【シングル】**

人見知りでプライドが高かった人も、今年は恋を楽しもうという心のゆとりが生まれそうです。恋人の条件として家柄や学歴、容姿、収入ばかり見ていた人も、人柄や内面を重視するようになり、恋愛に結びつくチャンスが大きく広がるでしょう。そんな気持ちの変化が言動や表情にも表れて、よりソフトで魅力的なオーラを放ちそうです。誘われる機会も増えるので、楽しい時間が期待できるでしょう。

**【恋人あり】**

すでに交際している恋人がいる人は、二人の今後について話し合ってみるといいでしょう。理想の家庭像や結婚観といった、お互いの考えや想いを共有して理解を深めると、絆をより強くすることができるはずです。

相手の考えに納得できて二人の価値観も合えば、結婚に踏み切るチャンスです。2〜

4月、8～10月、12月という月運も好運気のときを選べば、幸せになれるでしょう。

## 【既婚者】

人と打ち解けるのに時間がかかる火星人ですが、一度心を許した人とは強固な信頼関係を築くので、結婚生活も円満に送ることができるでしょう。

ただし、結婚していながら、ほかの人との不倫関係を続けてきた人は、今年中に関係を終わらせてください。来年から3年間の〝大殺界〟がはじまるので、それまでに身辺をきれいに整理しておかないと離婚という最悪の事態を招く恐れもありそうです。

## 【再婚】

あなたはなかなか本心を明かそうとしないところがあり、そのミステリアスな魅力で人を惹きつけるでしょう。しかし、相手に好意を持たれていても、自分の想いを告げることができないために、恋のチャンスを逃す可能性があります。

ただ、結婚という形式にこだわる必要はないことも知っておきましょう。好きな仕事があり、気の合う友人がいて、自由な独身スタイルを楽しむのもいいかもしれません。

## ◆火星人(－)の詳しい恋愛運

【シングル】

今年は、あらゆるところに恋のチャンスがあります。友達に誘われたときはもちろん、人の集まるところへは自分から積極的に顔を出すようにしましょう。

普段は近寄りがたいと思われがちですが、今年はやわらかい雰囲気を漂わせているので、あなたのことを魅力的に思う人は多いはずです。自分をよく見せようとせずに、自然体で接しましょう。楽しければ素直にそう伝えることが大切です。

【恋人あり】

結婚したいと思っている人の場合、相手の運気をしっかりチェックしたうえで今年は目標に向けてアクションを起こすのに最適です。話が進んできたら、お互いの家族や親戚、これまでお世話になった人へは必ず挨拶をするようにしてください。

結婚する気がない人と付き合っている人の場合、その関係は断ち切る決心をしましょう。別れた直後は寂しいかもしれませんが、すぐに良縁に恵まれる気配があります。

## 【既婚者】

結婚している人も、さまざまなことを心から楽しめる一年になりそうです。屋外で気持ちよく過ごせる3～5月や9月に、休みを取るなどして旅行やレジャーを楽しむのもおすすめです。いつも自分の興味があるものを優先して計画を立てている人は、パートナーにプランニングを任せてみましょう。自分では思いつかないことを体験できて、素晴らしい思い出を一緒に作ることができるに違いありません。

## 【再婚】

再婚を望んでいる人は、今年、いろいろなところにチャンスがありそうです。初対面の人と話をするのは苦手かもしれませんが、友人の誘いやパーティーなど、人が多く集まるところへはできるだけ出向くようにしましょう。

心の内を見せないタイプのあなたですが、今年は親しみやすい魅力がアップします。飾らずに自分らしく接すれば、それに引き寄せられる人も多いでしょう。

## 家庭・人間関係運 2024（令和6）年

### （十）【付き合いの薄い人との関係を良好にする機会】

昨年に引き続いて、対人関係は良好です。誰とでもすんなり打ち解けられて、知り合ったばかりの人とでも深い話ができるなど、いい付き合いを育むことができるでしょう。もし気まずい関係になっている人がいれば、今年のうちに修復してください。こじれたままにしておくと、来年からはじまる〝大殺界〟で疎遠になってしまう恐れがあります。あなたから先に声をかけて友好的な関係に戻しましょう。

職場での人間関係も順調です。上司や同僚、後輩とのコミュニケーションもスムーズなので、協力し合って気持ちよく仕事に取り組めます。今年は、取引先としっかりとした信頼関係を築くにもぴったりでしょう。

近所付き合いが少ない人は、改善するチャンスです。面倒に思ってきた人は、まず挨拶からはじめてみてください。また、みんなで集まる機会があれば参加しましょう。近所に住んでいる人のことがわかったり、知らなかった地域の情報を得られたりと収穫があるものです。そうした付き合いは、何かあったときにあなたを助けてくれるでしょう。

## （一）【人との付き合いから得られるものが多い】

陰（一）の人も対人関係は良好で、さまざまな人と円滑にコミュニケーションできます。知り合った人の中には、付き合いを深められる人も出てきそう。

特に今年は、感受性を刺激してくれる人との出会いが期待できます。進学や就職、引っ越しなどで新しい人と接する機会が多い3月と4月は、集まりなどに誘われたら迷わず快諾を。そういう場で得られた情報やインスピレーションによってセンスが磨かれ、仕事や遊び、趣味など、あらゆる分野であなたを輝かせる原動力になりそうです。

職場では、上司や同僚とも信頼関係を深められます。これまで職場の飲み会や行事を避けていた人も、今年は参加してみてください。思っていた以上になごやかな雰囲気で、気持ちがラクになるに違いありません。以前は煩《わずら》わしいと感じた上司の話も、単なる苦労自慢ではなく、自分にとって参考になることに気づくかもしれません。

自分で集まりを企画するのもいいでしょう。多くの人を集めるのが難しければ、気心の知れた友人や同僚に声がけを。誰と一緒に過ごしていても楽しめるはずです。

# 金運　2024（令和6）年

## 「経済的に安定した一年になりそう。独立や開業をするなら今年中に動き出して」

### ◆火星人（＋）

陽（＋）の人は、金銭面でも好運気【安定】の影響で、落ち着いた一年を送れそうです。相変わらず衝動買いをしてしまうところはありますが、買ったものはどれも無駄にならないので、後悔することはないでしょう。また、手元に現金がないからといって、無理なローンを組んだり、借金に頼ったりすることもなさそうです。

自分で買ったものでも、誰かにもらったものでも、自分で使わないと思ったら役立ててくれそうな人にプレゼントしてください。喜んで使ってくれるうえに、あなたの金運をさらにアップすることにも繋がります。

独立や開業を考えているなら、〝大殺界〟に入る前の今年がラストチャンスです。資金面に多少の不安があっても、それほど負担が大きくない条件で融資してもらえたり、近親者から援助が受けられたりと、前向きに解決できるかもしれません。

ただ、来年からは〝大殺界〟なので、大きな借金や貯金の取り崩しは控えてください。今年を含めてここ3年間は好調をキープしているため、お金を借りることへの抵抗感が薄くなっているかもしれませんが、その気持ちのまま来年に突入するのは危険です。来年以降は、急に大きな出費が発生する可能性もあります。今年のうちからしっかりと意識して徹底的にお金の管理にあたりましょう。

**開運ポイント**

衝動買いをしたとしても、経済的に困らない一年になりそうです。自分で使わないものは、いつまでも手元に置いておかず、誰かにプレゼントすると金運アップに繋がります。来年からの〝大殺界〟に備えて、借金などは控えた方がいいでしょう。

# 金運　2024（令和6）年

## ◆火星人（－）

### 「貯蓄や投資に運がある一年。借金も今年のうちに返済しておくように」

さまざまなことがお金に結びつく【財成】を迎えた陰（－）の人にとって、12年に一度の蓄財のチャンスです。自分が意図したわけではないのに、お金に繋がる話が次々と舞い込むなど、金銭面で幸運な出来事が多い一年になりそうです。

いままで勘に頼って投資をしてきた人は、情報を読み込んで社会の流れをきちんと掴むなど、専門的な勉強をしてみてください。勧められるままに買っていた株や金融商品なども、自分なりに納得したうえで投資できるようになるはずです。さらに、社会や経済への興味・関心が高まり、物の見方が深まるという効果も期待できます。

普段はお金を貯めることが苦手な人も、金運が好調な今年は、年始に貯金の目標額を設定するといいでしょう。火星人は自分で決めたことは最後までやり通すタイプなので、順調に貯蓄していけるはずです。目標を少し高めに設定すると、より意欲的に取り組めるに違いありません。

借金をしている人は、今年中に全額返済するつもりで動いてください。金運が好調なときは、貯金だけでなく、借りているお金を返済して身も心もスッキリさせられるチャンスでもあります。過去に金銭面で迷惑をかけた人に誠意を持ってお詫びをしておくことも、金運をよりいっそうパワーアップさせることになります。

**開運ポイント**

お金に繋がる話が多く、金銭面で好調さを実感できそうです。これまで貯蓄や投資に興味がなかった人も、目標を持ってはじめてみるといいでしょう。蓄財できると同時に、社会への関心も高められます。借金のある人は、返済して身軽になりましょう。

## 仕事・勉強運　2024（令和6）年

### （十）【与えられた仕事でも高い評価と信用を得られる】

周囲が慌ただしくしていても、惑わされずに落ち着いて仕事や勉強に励むことができそうです。長く取り組んできた目標や課題も着実にクリアできるので、達成感や充実感で満たされるに違いありません。

自分で決めたことは諦《あきら》めずに全力を尽くす火星人ですが、今年は人から与えられたテーマにも興味を持って臨めそうです。粘り強さと熱意により、困難な案件を完遂させたり、大きなプロジェクトを成功させたりして、高い評価を得られるでしょう。

この時期に獲得した信用は生涯にわたって財産となり、来年からの〝大殺界〟で困った立場に追いやられたときの支えになってくれます。大きな仕事はもちろんですが、ちょっとした頼まれ事にも誠実に対応するようにしてください。

就職活動で苦労している人は、会社の選び方を見直すことが突破口になるかもしれません。業種や知名度で〝自分が入りたい会社〟を選ぶのではなく、〝自分が求められている職場〟という角度で考えてみることも大切でしょう。

## （一）【苦手分野も楽しく取り組めて結果もついてくる】

今年は、仕事や勉強も絶好調です。これまで長く手がけてきたプロジェクトが大きく進展し、予定より早く結果が出せる可能性もあります。

いままでは苦手意識のあった分野にも興味が持てるようになるので、さまざまなことが楽しめて、成果も得られそうです。目標を当初よりも高く設定し直してもいいかもしれません。そのことがやる気を高めて、いっそう身を入れて取り組めるはずです。

うまく説明できずに理解してもらえなかったことも、あなた自身の説得力がアップして、賛同を得やすくなりそうです。力を貸してくれる人やアドバイスをくれる人も増えるので、そうした人にはきちんとお礼をしましょう。感謝の気持ちを伝えることで、あなたを取り巻く環境をさらに良い方向へ変えることも可能なはずです。

ただし、自分勝手に物事を進めないように気を付けてください。自分とは異なる意見に耳を傾けたりし、ほかの人と足並みを揃えることも忘れないようにしましょう。

将来の独立や開業に向けて、資格取得に挑戦するのもおすすめです。

## 健康運　2024（令和6）年

### （＋）【きちんとチェックして健康維持に努めて】

陽（＋）の人は来年から〝大殺界〟に入るので、健康面の不安は今年のうちに解消しておくことが大切です。そのためにも、今年中に健康面をチェックしましょう。慢性的な肩こりや頭痛、倦怠感は軽視しがちですが、一度きちんと検査を受けておくように。健康に自信がある人も、スポーツジムに通ったり、定期的にウォーキングやジョギングを行ったりするなど、健康を維持できるように努めましょう。

### （－）【少し無理をしても健康的な毎日を過ごせそう】

一年を通して健康に恵まれそうです。多少無理をしてもそれほど影響は出ないので、仕事や勉強、趣味などに打ち込んでください。

ただし、不摂生は禁物です。就寝や起床の時間をなるべく一定にして、規則正しい生活を心がけましょう。とはいえ、禁欲的になりすぎるのは逆効果の場合もあります。自分らしく行動していれば、少しくらいストレスを感じても快適に過ごせます。

# 第4章

# 2023年10月～2024（令和6）年版 火星人の月別運気

## 火星人＋ 2023年10月の運気

**立花**

### 直感に従うとツキあり お金は身近な人に使って

もともと感性が鋭い火星人ですが、今月は直感で行動すると幸運を招きそうです。勝負運にもツキがあるので、アイデア勝負の仕事や宝くじが当たって、思いがけない大金を手にすることも期待できます。

うまくいってお金を得られたら、身近な家族や恋人、友人にプレゼントやご馳走をしてあげましょう。それが好運気をさらにパワーアップさせることになります。

気の向くままひとり旅に出かけたり、思い切って海外留学をすると、新たな自分を発見できるかもしれません。

◎＝9、21日　○＝11、23日
△＝8、10、20、22日
×＝2、3、4、14、15、16、26、27、28日

## 火星人－ 2023年10月の運気

**緑生**

### 努力が実りはじめるとき ますます意欲が増しそう

これまでの努力や勉強の積み重ねが徐々に成果として表れはじめ、自分でもその手応えを実感できるでしょう。

それにより、さらに向上心が高まって、いろいろなことにチャレンジしたり、自分の可能性を伸ばそうとするなど、自然に前向きな気持ちになれるはずです。

ただし、本格的に動くのは、来月の【立花】に入ってからがおすすめです。自分のやりたいことのためなら苦労も気にならないはずなので、今月は下調べや必要なものの準備に充《あ》てるといいでしょう。

◎＝10、22日　○＝12、24日
△＝9、11、21、23日
×＝3、4、5、15、16、17、27、28、29日

## 火星人＋　2023年11月の運気

健弱

### トラブルや体調不良は早めに相談するように

成長過程にありながら、今月は何かしらのトラブルが発生する恐れがあります。余裕がないまま急いで解決しようとしても、疲れが溜まるばかりで、状況はなかなかよくならないでしょう。

特に体調が不安定になりやすいので、ここで無理をすると健康面に大きなダメージをきたす危険性もあります。自分だけで問題を終わらせようとせず、なるべく早く信頼できる人に相談しましょう。

また、精神的な苦痛のある恋愛は、幸せとは言えません。終わらせることも考えて。

◎＝2、14、26日　○＝4、16、28日
△＝1、3、13、15、25、27日
×＝7、8、9、19、20、21日

## 火星人－　2023年11月の運気

立花

### 人のための努力が開運に価値ある出会いにも期待

今月は、人のために行動することがあなたに幸運を呼び込みます。ボランティア活動やチャリティ活動に参加するなど、できる範囲で社会に貢献しましょう。

そういう場で多くの人と交流するだけでも、運気はさらに上昇します。

また、人生に大きな影響を与えてくれる人に出会ったり、自分でも知らなかった才能を見つけたりと、新たな気付きがあるかもしれません。ライフスタイルを変えるきっかけになるかもしれないので、これまでよりも行動範囲を広げてみてください。

◎＝3、15、27日　○＝5、17、29日
△＝2、4、14、16、26、28日
×＝8、9、10、20、21、22日


〈月別運気の見方〉◎＝幸運にめぐり合える〝超ラッキーデー〟　○＝スムーズにいきやすい〝ラッキーデー〟

## 火星人＋　2023年　12月の運気

**達成**

### 意欲的に取り組めるとき 計画を実行に移すのも◎

好運気の今月は、これまでの迷いがなくなり、何事にも前向きに取り組めそうです。

思考力や集中力もアップするので、いままでうまくいかなかったことをやり直したい人は、積極的に突き進んでOK。思い通りの成果が期待でき、そのことが自信にも繋がるに違いありません。

以前から計画していたことを実行に移すにも好機です。結婚を考えている人は、関係をオープンにすると周囲からの応援を得やすく話をスムーズに進められるでしょう。新生活をスタートするにも良い時期です。

◎＝8、20日　○＝10、22日
△＝7、9、19、21、31日
×＝1、2、3、13、14、15、25、26、27日

## 火星人－　2023年　12月の運気

**健弱**

### 一年間頑張った自分に 心身を癒やす時間をあげて

今年は好運気の波に乗って精力的に動いたので、12月ともなると自分では気付かなくても疲労が溜まってきているはずです。【健弱】の今月は、健康に配慮して歩調を少し緩めるといいでしょう。

一年間、働き詰めだった人は、思い切ってまとまった休暇を取って、ゆっくり休養してください。クリスマスや年末年始に旅行を計画している人は、余裕のある日程を組んで、のんびり楽しむようにしましょう。

忘年会などの集まりは、どうしても欠かせないものだけに参加するように。

◎＝9、21日　○＝11、23日
△＝8、10、20、22日
×＝2、3、4、14、15、16、26、27、28日

△＝注意したい〝アンラッキーデー〟　×＝特に注意したい〝大殺界〟

# 2024（令和6）年　火星人の月別運命リズム推移

## 火星人（＋）

| 月 | 運気 | 内容 |
|---|---|---|
| 1月 | 乱気 | うまくいかないことが多い時期。イライラを人にぶつけるのはＮＧ。 |
| 2月 | 再会 | 自分らしさを取り戻して、何事も意欲的に取り組める。 |
| 3月 | 財成 | 仕事も勉強も好調さをキープ。勘も冴えるので大きな買い物も◎。 |
| 4月 | 安定 | 新しい環境にもスムーズになじめて、穏やかに過ごせる一ヵ月。 |
| 5月 | 陰影 | 小さいことでトラブルを招く恐れも。人の意見に耳を傾けるように。 |
| 6月 | 停止 | 心身ともに休息が必要なとき。トラブル回避のためにも自重して。 |
| 7月 | 減退 | 判断力に陰りあり。くれぐれも言動には注意を。 |
| 8月 | 種子 | あらゆることが良い方向へ。気持ちも晴れ晴れ。 |
| 9月 | 緑生 | 成長に備えて基礎をしっかり固めて。恋愛面でも芽が出る可能性あり。 |
| 10月 | 立花 | 前向きになれて健康面も良好。頑張ってきたことが実を結ぶ気配。 |
| 11月 | 健弱 | 疲れが溜まって気が緩むことも。遠出はせずに体を休めるように。 |
| 12月 | 達成 | 最高の運気がすべてに味方する。来年の目標も見つかりそう。 |

運命リズム

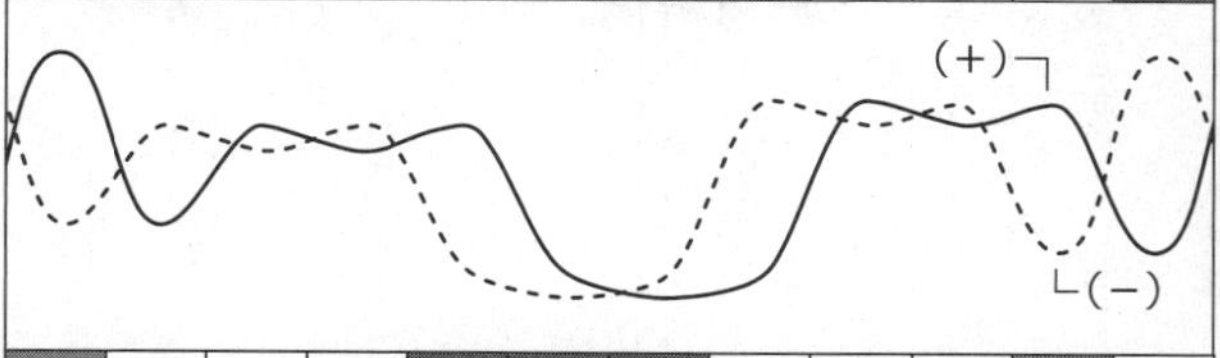


## 火星人（−）

| 月 | 運気 | 内容 |
|---|---|---|
| 1月 | 達成 | 心身ともに新年を快くスタート。恋愛や試験も好結果が期待できる。 |
| 2月 | 乱気 | 気持ちが不安定になりやすいとき。ウワサ話に惑わされないように注意。 |
| 3月 | 再会 | 気力も体力も絶好調。長年の夢が叶う可能性もあり。 |
| 4月 | 財成 | 金運好調なので賢くお金を使って。恋人との時間も充実。 |
| 5月 | 安定 | 時間にもお金にも余裕が生まれ、これまでの努力も評価される。 |
| 6月 | 陰影 | 肝心なところで失敗することも。金銭面も恋愛面も下降気味。 |
| 7月 | 停止 | 気分によって周囲を振り回すと、信用をなくす恐れも。 |
| 8月 | 減退 | あらゆる面で注意が必要な一ヵ月。特に人間関係では気遣いを忘れずに。 |
| 9月 | 種子 | 個々の積み重ねが信頼関係を築く。感覚的にいいと思ったら即行動を。 |
| 10月 | 緑生 | 新しい出会いに期待できそう。貴重な助言をもらえる可能性も。 |
| 11月 | 立花 | やりたかったことを実行に移す好機。好運気が味方して結果も出そう。 |
| 12月 | 健弱 | 心身ともに疲労が溜まりやすいとき。何事も無理しない範囲で。 |


〈月別運気の見方〉◎＝幸運にめぐり合える〝超ラッキーデー〟　○＝スムーズにいきやすい〝ラッキーデー〟

## 乱気 トラブルが発生したら周囲に協力を求めるように

些細《ささい》なことでストレスが溜まりやすい〝中殺界〟の今月は、うまくいかないことが増えるかもしれません。いつもは自分の考えに自信を持っているあなたですが、判断に迷いが生じてしまうこともありそうです。それが大きなトラブルへと発展する恐れも。

しかし、ピンチはチャンスでもあります。何かが起きたとき、人に説明するより自分で行動した方が早いと思わず、周りの人に協力をあおいでみてください。相手は信頼されていると感じてくれて、良好な人間関係を築くきっかけになることもあるからです。

もし不安やイラ立ちを感じることがあっても、恋人や家族にぶつけるのは厳禁。人には迷惑をかけない気分転換の方法を見つけましょう。

### 1月[乱気]日運

| 1 | 2 | 3 | 4 | 5 | 6 | 7 | 8 | 9 | 10 | 11 | 12 | 13 | 14 | 15 |
|---|---|---|---|---|---|---|---|---|---|---|---|---|---|---|
| ◎達成 | △乱気 | ○再会 | 財成 | 安定 | ×陰影 | ×停止 | ×減退 | 種子 | 緑生 | 立花 | △健弱 | ◎達成 | △乱気 | ○再会 |

| 16 | 17 | 18 | 19 | 20 | 21 | 22 | 23 | 24 | 25 | 26 | 27 | 28 | 29 | 30 | 31 |
|---|---|---|---|---|---|---|---|---|---|---|---|---|---|---|---|
| 財成 | 安定 | ×陰影 | ×停止 | ×減退 | 種子 | 緑生 | 立花 | △健弱 | ◎達成 | △乱気 | ○再会 | 財成 | 安定 | ×陰影 | ×停止 |

◎＝超ラッキーデー／○＝ラッキーデー／△＝アンラッキーデー／×＝大殺界

達成

## 最高の運気ではじまる新年 やることは優先順位をつけて

今月は一年の中で最高の運気である月運【達成】のため、快調に新年のスタートが切れそうです。やることがたくさんあっても、優先順位をつけて取り組めば、思っていたよりもスムーズに進められるでしょう。前年にやり残したことがあれば、今月中に終わらせるようにしてください。

恋愛も順調でしょう。さまざまな人から誘いの言葉をかけてもらえそうな気配です。第一印象がよかった相手とは、気軽にデートをしてみても◎。あなたの恋愛観を変えるような経験ができるかもしれません。

資格試験やオーディションなどに臨む人は、自分の持っている力を存分に発揮できそうです。手応えを感じられて、良い結果も期待できるでしょう。

### 1月[達成]日運

| 1 | 2 | 3 | 4 | 5 | 6 | 7 | 8 | 9 | 10 | 11 | 12 | 13 | 14 | 15 |
|---|---|---|---|---|---|---|---|---|---|---|---|---|---|---|
| △健弱 | ◎達成 | △乱気 | ○再会 | 財成 | 安定 | ×陰影 | ×停止 | ×減退 | 種子 | 緑生 | 立花 | △健弱 | ◎達成 | △乱気 |

| 16 | 17 | 18 | 19 | 20 | 21 | 22 | 23 | 24 | 25 | 26 | 27 | 28 | 29 | 30 | 31 |
|---|---|---|---|---|---|---|---|---|---|---|---|---|---|---|---|
| ○再会 | 財成 | 安定 | ×陰影 | ×停止 | ×減退 | 種子 | 緑生 | 立花 | △健弱 | ◎達成 | △乱気 | ○再会 | 財成 | 安定 | ×陰影 |

◎＝超ラッキーデー／○＝ラッキーデー／△＝アンラッキーデー／×＝大殺界

2024年 2月の運気

## 意欲がわいて順調に進む一ヵ月 人との出会いにも恵まれそう

再会

再び運気が上昇する【再会】に入り、自分らしさを取り戻せるので、気持ちもポジティブになるでしょう。

仕事や勉強に意欲的に取り組めるようになり、これまでうまくいかなかったことも順調に進みそうです。恋愛や趣味も楽しめるに違いありません。

人と出会うチャンスも増える兆しがあります。今月知り合った人は、何かあったときにあなたを支えてくれる大切な存在になるかもしれません。火星人の特徴である人見知りの殻を破って、積極的に自分からいろいろな人に話しかけてみてください。環境を変える好機であり、また高い目標を持っている人は実現に向けて踏み出すときでもあります。結婚や独立を考えている人は、今月中に動き出すといいでしょう。

### 2月［再会］日運

| 1 | 2 | 3 | 4 | 5 | 6 | 7 | 8 | 9 | 10 | 11 | 12 | 13 | 14 | 15 |
|---|---|---|---|---|---|---|---|---|---|---|---|---|---|---|
| ×減退 | 種子 | 緑生 | 立花 | △健弱 | ◎達成 | △乱気 | ○再会 | 財成 | 安定 | ×陰影 | ×停止 | ×減退 | 種子 | 緑生 |

| 16 | 17 | 18 | 19 | 20 | 21 | 22 | 23 | 24 | 25 | 26 | 27 | 28 | 29 |
|---|---|---|---|---|---|---|---|---|---|---|---|---|---|
| 立花 | △健弱 | ◎達成 | △乱気 | ○再会 | 財成 | 安定 | ×陰影 | ×停止 | ×減退 | 種子 | 緑生 | 立花 | △健弱 |

◎＝超ラッキーデー／○＝ラッキーデー／△＝アンラッキーデー／×＝大殺界

乱気

## 冷静な判断ができなくなりそう
## 自分のペースをキープして

何かとメンタル面に影響が出やすい【乱気】の今月は、気持ちが不安定になりやすいでしょう。

本来、現実を冷静に見極めることができる火星人ですが、今月は正しい判断をするのは難しい可能性があります。根拠もないのに、上司や同僚が嫌がらせをしているように思えたり、ウワサ話に振り回されたりと、人間不信に陥る恐れさえあります。

そうした思い込みに気を取られていると、目の前のことに集中できず、仕事も中途半端になってしまいそうです。どんなことがあっても、周囲に惑わされず、自分自身をしっかり持つようにしましょう。

転職や結婚をするには、じっくり考えることが大切です。決断は来月以降にした方がいいでしょう。

### 2月[乱気]日運

| 1 | 2 | 3 | 4 | 5 | 6 | 7 | 8 | 9 | 10 | 11 | 12 | 13 | 14 | 15 |
|---|---|---|---|---|---|---|---|---|---|---|---|---|---|---|
| ×停止 | ×減退 | 種子 | 緑生 | 立花 | △健弱 | ◎達成 | △乱気 | ○再会 | 財成 | 安定 | ×陰影 | ×停止 | ×減退 | 種子 |

| 16 | 17 | 18 | 19 | 20 | 21 | 22 | 23 | 24 | 25 | 26 | 27 | 28 | 29 |
|---|---|---|---|---|---|---|---|---|---|---|---|---|---|
| 緑生 | 立花 | △健弱 | ◎達成 | △乱気 | ○再会 | 財成 | 安定 | ×陰影 | ×停止 | ×減退 | 種子 | 緑生 | 立花 |

◎＝超ラッキーデー／○＝ラッキーデー／△＝アンラッキーデー／×＝大殺界

## 2024年3月の運気

財成

### 協力してくれる人には必ず感謝の気持ちを伝えて

火星人の持つプライドの高さやこだわりの強さが、普段は誤解を生むこともありますが、好運気の今月は誰からも好意的に受け取られるでしょう。

仕事や勉強なども、先月に引き続き好調です。

特に、仕事や趣味に関しては、真剣に取り組む姿や完成度の高いものを目指そうとする姿に共感する人が現れて、あなたに協力してくれそうです。そうした人には、気軽なものでいいので、贈り物をするなどして感謝の気持ちを伝えましょう。

勘も冴えるので、買い物などでの物選びも失敗はなさそうです。欲しいものがあれば大きい買い物もＯＫ。ただ、宝石や高級ブランド品より、不動産のように生涯にわたってあなたを支えるものの方がいいでしょう。

#### 3月［財成］日運

| 15 | 14 | 13 | 12 | 11 | 10 | 9 | 8 | 7 | 6 | 5 | 4 | 3 | 2 | 1 |
|---|---|---|---|---|---|---|---|---|---|---|---|---|---|---|
| ○再会 | △乱気 | ◎達成 | △健弱 | 立花 | 緑生 | 種子 | ×減退 | ×停止 | ×陰影 | 安定 | 財成 | ○再会 | △乱気 | ◎達成 |

| 31 | 30 | 29 | 28 | 27 | 26 | 25 | 24 | 23 | 22 | 21 | 20 | 19 | 18 | 17 | 16 |
|---|---|---|---|---|---|---|---|---|---|---|---|---|---|---|---|
| ×停止 | ×陰影 | 安定 | 財成 | ○再会 | △乱気 | ◎達成 | △健弱 | 立花 | 緑生 | 種子 | ×減退 | ×停止 | ×陰影 | 安定 | 財成 |

◎＝超ラッキーデー／○＝ラッキーデー／△＝アンラッキーデー／×＝大殺界

再会

## 何事も意欲的に取り組めるとき計画を立てて行動を

月運が【再会】に入り、これからの3ヵ月間が一年で最も充実するときです。気力も体力も最高に好調なので、何事も意欲的に取り組めるでしょう。

長年の夢が叶ったり、長く抱えていた問題が解決する可能性もあります。いつもは直感的に行動することが多いあなたも、今月は綿密な計画を立て、それに従って進めるようにしてください。

人間関係もスムーズになる兆しです。職場や学校で悩み事があった人は、思いがけないことがきっかけで一気に解決に向かうかもしれません。

懐かしい人との再会もありそうです。幼なじみや職場の元同僚など、以前からの知り合いと思いがけないところで会って、そこから恋がはじまることも。

### 3月[再会]日運

| 1 | 2 | 3 | 4 | 5 | 6 | 7 | 8 | 9 | 10 | 11 | 12 | 13 | 14 | 15 |
|---|---|---|---|---|---|---|---|---|---|---|---|---|---|---|
| △健弱 | ◎達成 | △乱気 | ○再会 | 財成 | 安定 | ×陰影 | ×停止 | ×減退 | 種子 | 緑生 | 立花 | △健弱 | ◎達成 | △乱気 |

| 16 | 17 | 18 | 19 | 20 | 21 | 22 | 23 | 24 | 25 | 26 | 27 | 28 | 29 | 30 | 31 |
|---|---|---|---|---|---|---|---|---|---|---|---|---|---|---|---|
| ○再会 | 財成 | 安定 | ×陰影 | ×停止 | ×減退 | 種子 | 緑生 | 立花 | △健弱 | ◎達成 | △乱気 | ○再会 | 財成 | 安定 | ×陰影 |

◎＝超ラッキーデー／○＝ラッキーデー／△＝アンラッキーデー／×＝大殺界

# 2024年 4月の運気

安定

## 問題なく穏やかに過ごせそう
## 恋人とのデートも好調

　これまでの努力を収穫できる【安定】を迎え、穏やかな気持ちで過ごせる一ヵ月になりそうです。

　新年度がはじまりますが、進学や進級、職場での異動、引っ越しなど、新しい環境に移っても問題なくなじめるに違いありません。

　ただし、来月からは月の〝大殺界〟がはじまるので、今月のうちから気を緩めることなく、慎重に行動することが大切です。持ち前の勘を信じて、不信や疑問を抱いた人や物事にはなるべく近寄らない方が得策です。

　恋人がいる人は、デートも楽しめそうです。どこへ行くか、何をするかということより、二人が一緒に過ごすことを大切に考えましょう。交際期間の長い人は、結婚を話題に出してみるのもいいかもしれません。

### 4月［安定］日運

| 1 | 2 | 3 | 4 | 5 | 6 | 7 | 8 | 9 | 10 | 11 | 12 | 13 | 14 | 15 |
|---|---|---|---|---|---|---|---|---|---|---|---|---|---|---|
| ×減退 | 種子 | 緑生 | 立花 | △健弱 | ◎達成 | △乱気 | ○再会 | 財成 | 安定 | ×陰影 | ×停止 | ×減退 | 種子 | 緑生 |

| 16 | 17 | 18 | 19 | 20 | 21 | 22 | 23 | 24 | 25 | 26 | 27 | 28 | 29 | 30 |
|---|---|---|---|---|---|---|---|---|---|---|---|---|---|---|
| 立花 | △健弱 | ◎達成 | △乱気 | ○再会 | 財成 | 安定 | ×陰影 | ×停止 | ×減退 | 種子 | 緑生 | 立花 | △健弱 | ◎達成 |

◎＝超ラッキーデー／○＝ラッキーデー／△＝アンラッキーデー／×＝大殺界

財成

## 好調な金運を無駄にしないで 恋愛も楽しめそう

さまざまなことがお金に結びつきやすい【財成】の今月は、金運が好調です。欲しいものがすんなり手に入ったり、高額なプレゼントをもらったりと、物に関してもいいことがあるかもしれません。

ただし、せっかくの金運をつまらないことに浪費しないように注意を。それよりも、貯蓄や投資をはじめ、資産価値のあるものの購入など、将来に向けて基盤を固めることに使うようにしてください。

恋愛の面も好調でしょう。恋人との波長がぴったり合って、デートはもちろん、ちょっとしたメッセージのやりとりだけでもうれしくて仕方ないでしょう。恋人が欲しい人も、出会いに恵まれそうです。人見知りを封印し、自己開示することが幸運のカギになりそう。

### 4月［財成］日運

| 15 | 14 | 13 | 12 | 11 | 10 | 9 | 8 | 7 | 6 | 5 | 4 | 3 | 2 | 1 |
|---|---|---|---|---|---|---|---|---|---|---|---|---|---|---|
| 種子 | ×減退 | ×停止 | ×陰影 | 安定 | 財成 | ○再会 | △乱気 | ◎達成 | △健弱 | 立花 | 緑生 | 種子 | ×減退 | ×停止 |

| 30 | 29 | 28 | 27 | 26 | 25 | 24 | 23 | 22 | 21 | 20 | 19 | 18 | 17 | 16 |
|---|---|---|---|---|---|---|---|---|---|---|---|---|---|---|
| △健弱 | 立花 | 緑生 | 種子 | ×減退 | ×停止 | ×陰影 | 安定 | 財成 | ○再会 | △乱気 | ◎達成 | △健弱 | 立花 | 緑生 |

◎＝超ラッキーデー／○＝ラッキーデー／△＝アンラッキーデー／×＝大殺界

# 2024年 5月の運気

陰影

## 人と意見が合わないときはあなたの方が折れることも必要

これから3ヵ月続く月の〝大殺界〟がスタートし、運気が下降しはじめます。ちょっとした思い違いが、大きなトラブルに発展することもありそうです。ルールや立場にこだわりすぎると、問題をいっそう複雑にしてしまう恐れがあります。自分の考えだけで押し通すのではなく、人の意見には素直に耳を傾けて結論を出すようにしましょう。

うまくいかないことがあると、人のせいにしたくなるかもしれませんが、それもトラブルの元になります。最終責任は自分にもあることを自覚してください。

恋人や友人と意見が合わないときは、あなたが折れるのが賢明です。デートや遊びのプランを立てるときも、相手に主導権を譲るのがいいでしょう。

### 5月［陰影］日運

| 1 | 2 | 3 | 4 | 5 | 6 | 7 | 8 | 9 | 10 | 11 | 12 | 13 | 14 | 15 |
|---|---|---|---|---|---|---|---|---|---|---|---|---|---|---|
| △乱気 | ○再会 | 財成 | 安定 | ×陰影 | ×停止 | ×減退 | 種子 | 緑生 | 立花 | △健弱 | ◎達成 | △乱気 | ○再会 | 財成 |

| 16 | 17 | 18 | 19 | 20 | 21 | 22 | 23 | 24 | 25 | 26 | 27 | 28 | 29 | 30 | 31 |
|---|---|---|---|---|---|---|---|---|---|---|---|---|---|---|---|
| 安定 | ×陰影 | ×停止 | ×減退 | 種子 | 緑生 | 立花 | △健弱 | ◎達成 | △乱気 | ○再会 | 財成 | 安定 | ×陰影 | ×停止 | ×減退 |

◎＝超ラッキーデー／○＝ラッキーデー／△＝アンラッキーデー／×＝大殺界

安定

# 何事もじっくり取り組めそう 気になることは今月中に解決を

ここ2ヵ月の好運気に続いて、今月も好調で落ち着いて楽しく過ごせるでしょう。時間的にも経済的にも余裕が出てくるので、仕事や遊び、習い事などにもじっくり取り組めて、満足感を得られそうです。

これまでコツコツ続けてきたことが、周囲から高い評価を得る可能性もあります。それがきっかけで仕事の幅が広がったり、人との付き合い方が少し変わったりと、良い変化が現れるかもしれません。

あらゆることが順調ではありますが、来月からは月の〝大殺界〟に入ることを忘れないようにしてください。もし気になることがあれば、後回しにせず、今月中に片を付けておくことが大切です。

## 5月［安定］日運

| 15 | 14 | 13 | 12 | 11 | 10 | 9 | 8 | 7 | 6 | 5 | 4 | 3 | 2 | 1 |
|---|---|---|---|---|---|---|---|---|---|---|---|---|---|---|
| ○再会 | △乱気 | ◎達成 | △健弱 | 立花 | 緑生 | 種子 | ×減退 | ×停止 | ×陰影 | 安定 | 財成 | ○再会 | △乱気 | ◎達成 |

| 31 | 30 | 29 | 28 | 27 | 26 | 25 | 24 | 23 | 22 | 21 | 20 | 19 | 18 | 17 | 16 |
|---|---|---|---|---|---|---|---|---|---|---|---|---|---|---|---|
| ×停止 | ×陰影 | 安定 | 財成 | ○再会 | △乱気 | ◎達成 | △健弱 | 立花 | 緑生 | 種子 | ×減退 | ×停止 | ×陰影 | 安定 | 財成 |

◎＝超ラッキーデー／○＝ラッキーデー／△＝アンラッキーデー／×＝大殺界

停止

# 気力がわかず、不満が募るとき 休息を取って自分を大切に

先月から月の〝大殺界〟に入っている影響で、何をするにも気力がわいてこないかもしれません。今月は、心身ともに休息が必要なときだと割り切って、自分を労《いたわ》って過ごすようにしてください。

ときには、恋人や家族など、身近な人の行動が身勝手に思えて文句を言いたくなるかもしれませんが、ここは我慢すること。自分からアクションを起こすとトラブルに発展する恐れがあるので、どんなことであっても自分を抑えておくようにしましょう。

また普段の火星人とは異なり、相手の本心を見抜く目が曇るので、今月出会う人には用心を。特に恋愛に発展する可能性のある相手は要注意です。パーティーなどに出席するのも見合わせた方が無難でしょう。

## 6月［停止］日運

| 1 | 2 | 3 | 4 | 5 | 6 | 7 | 8 | 9 | 10 | 11 | 12 | 13 | 14 | 15 |
|---|---|---|---|---|---|---|---|---|---|---|---|---|---|---|
| 種子 | 緑生 | 立花 | △健弱 | ◎達成 | △乱気 | ○再会 | 財成 | 安定 | ×陰影 | ×停止 | ×減退 | 種子 | 緑生 | 立花 |

| 16 | 17 | 18 | 19 | 20 | 21 | 22 | 23 | 24 | 25 | 26 | 27 | 28 | 29 | 30 |
|---|---|---|---|---|---|---|---|---|---|---|---|---|---|---|
| △健弱 | ◎達成 | △乱気 | ○再会 | 財成 | 安定 | ×陰影 | ×停止 | ×減退 | 種子 | 緑生 | 立花 | △健弱 | ◎達成 | △乱気 |

◎＝超ラッキーデー／○＝ラッキーデー／△＝アンラッキーデー／×＝大殺界

陰影

## 失敗したら基本に立ち返ること！自分勝手な思い込みに注意して

低調な運気である月の〝大殺界〟に入った影響で、集中力や判断力などが大幅に低下しそうです。

肝心なところで失敗することがあれば、その原因は、あなたの身勝手な思い込みかもしれません。基本に立ち返って、一から考え直してみるといいでしょう。

お金にルーズなところがある火星人ですが、しばらく影を潜めていた浪費グセがここへきて復活する心配があります。少なくともこれから3ヵ月は、強い意志を持って衝動に立ち向かってください。

新しい出会いも期待できそうにありません。恋人がいる人も、デートでケンカが絶えない恐れがあります。二人の関係を危うくしないためにも、少し距離をおくことが賢明な選択と言えそうです。

### 6月[陰影]日運

| 15 | 14 | 13 | 12 | 11 | 10 | 9 | 8 | 7 | 6 | 5 | 4 | 3 | 2 | 1 |
|---|---|---|---|---|---|---|---|---|---|---|---|---|---|---|
| 緑生 | 種子 | ×減退 | ×停止 | ×陰影 | 安定 | 財成 | ○再会 | △乱気 | ◎達成 | △健弱 | 立花 | 緑生 | 種子 | ×減退 |

| 30 | 29 | 28 | 27 | 26 | 25 | 24 | 23 | 22 | 21 | 20 | 19 | 18 | 17 | 16 |
|---|---|---|---|---|---|---|---|---|---|---|---|---|---|---|
| ◎達成 | △健弱 | 立花 | 緑生 | 種子 | ×減退 | ×停止 | ×陰影 | 安定 | 財成 | ○再会 | △乱気 | ◎達成 | △健弱 | 立花 |

◎＝超ラッキーデー／○＝ラッキーデー／△＝アンラッキーデー／×＝大殺界

減退

## 誰に対しても発言には注意を 軽はずみな行動も厳禁

自分では深い意味はなくても、何げないひと言が相手を傷つけてしまう恐れがあります。月の〝大殺界〟3ヵ月目の今月は「口は禍《わざわい》の元」と心得て、言葉を発するときには十分に気を付けましょう。

また、相談を持ちかけられることが増えそうですが、判断力が鈍っている今月は、アドバイスも控えた方が無難です。話をしっかり聞くだけでも相手は気がラクになるので、とにかく耳を傾けることに徹してください。

対人関係にも不安がつきまといそうです。恋人やパートナーの浮気を疑ったり、上司や同僚への不信感がわいてきたりするかもしれませんが、軽はずみな言動は禁物です。相手に対する気持ちが試されていると思って、慎重に行動しましょう。

### 7月［減退］日運

| 1 | 2 | 3 | 4 | 5 | 6 | 7 | 8 | 9 | 10 | 11 | 12 | 13 | 14 | 15 |
|---|---|---|---|---|---|---|---|---|---|---|---|---|---|---|
| ○再会 | 財成 | 安定 | ×陰影 | ×停止 | ×減退 | 種子 | 緑生 | 立花 | △健弱 | ◎達成 | △乱気 | ○再会 | 財成 | 安定 |

| 16 | 17 | 18 | 19 | 20 | 21 | 22 | 23 | 24 | 25 | 26 | 27 | 28 | 29 | 30 | 31 |
|---|---|---|---|---|---|---|---|---|---|---|---|---|---|---|---|
| ×陰影 | ×停止 | ×減退 | 種子 | 緑生 | 立花 | △健弱 | ◎達成 | △乱気 | ○再会 | 財成 | 安定 | ×陰影 | ×停止 | ×減退 | 種子 |

◎＝超ラッキーデー／○＝ラッキーデー／△＝アンラッキーデー／×＝大殺界

停止

## 周囲からの信用を失わないよう軽はずみな言動は厳禁

月運が【停止】の今月は、何をやってもうまくいかない八方塞がりの状態で、どことなく孤立した状況に陥ることもあるかもしれません。

さらに火星人特有の気分屋の面が禍《わざわい》を呼ぶ恐れもあります。〝好きじゃない〟〝面白くない〟といった理由でやるべきことを放っておくと、やがて大きな問題に発展することも。あなたの立場が危うくなるのはもちろん、周りの人にまで影響を及ぼすこともあります。

また、人から聞いた話の受け売りもやめましょう。無責任な人、軽い人という悪いイメージを持たれて、周囲からの信用をなくしかねません。

恋人や家族、親友など、気のおけない人を粗末に扱うのは禁物。常に相手に愛情を持って接してください。

### 7月[停止]日運

| 1 | 2 | 3 | 4 | 5 | 6 | 7 | 8 | 9 | 10 | 11 | 12 | 13 | 14 | 15 |
|---|---|---|---|---|---|---|---|---|---|---|---|---|---|---|
| △乱気 | ○再会 | 財成 | 安定 | ×陰影 | ×停止 | ×減退 | 種子 | 緑生 | 立花 | △健弱 | ◎達成 | △乱気 | ○再会 | 財成 |

| 16 | 17 | 18 | 19 | 20 | 21 | 22 | 23 | 24 | 25 | 26 | 27 | 28 | 29 | 30 | 31 |
|---|---|---|---|---|---|---|---|---|---|---|---|---|---|---|---|
| 安定 | ×陰影 | ×停止 | ×減退 | 種子 | 緑生 | 立花 | △健弱 | ◎達成 | △乱気 | ○再会 | 財成 | 安定 | ×陰影 | ×停止 | ×減退 |

◎＝超ラッキーデー／○＝ラッキーデー／△＝アンラッキーデー／×＝大殺界

種子

# 新しいことをはじめる好機
# 夏休みも充実して楽しめそう

３ヵ月続いた月の〝大殺界〟を抜け出して、運命周期のスタート【種子】を迎える今月。さまざまなことが良い方向へ向かいはじめ、気持ちも明るくなります。仕事も勉強も精力的に取り組めるので、目標を一段高く設定してもいいかもしれません。試験を控えている人も、高みを目指すといいでしょう。

夏休みも充実しそうです。行く先を探したり、やることを考えたりと、計画の段階から楽しめるはずです。出かけた先では、カメラマンとして家族や仲間達を撮影すれば、みんなに喜ばれるに違いありません。

これから新しく学びたいことや身につけたいことがあれば、さっそく準備をはじめましょう。今月、順調にスタートできると、良い結果を出せるでしょう。

## 8月［種子］日運

| 1 | 2 | 3 | 4 | 5 | 6 | 7 | 8 | 9 | 10 | 11 | 12 | 13 | 14 | 15 |
|---|---|---|---|---|---|---|---|---|---|---|---|---|---|---|
| 緑生 | 立花 | △健弱 | ◎達成 | △乱気 | ○再会 | 財成 | 安定 | ×陰影 | ×停止 | ×減退 | 種子 | 緑生 | 立花 | △健弱 |

| 16 | 17 | 18 | 19 | 20 | 21 | 22 | 23 | 24 | 25 | 26 | 27 | 28 | 29 | 30 | 31 |
|---|---|---|---|---|---|---|---|---|---|---|---|---|---|---|---|
| ◎達成 | △乱気 | ○再会 | 財成 | 安定 | ×陰影 | ×停止 | ×減退 | 種子 | 緑生 | 立花 | △健弱 | ◎達成 | △乱気 | ○再会 | 財成 |

◎＝超ラッキーデー／○＝ラッキーデー／△＝アンラッキーデー／×＝大殺界

## 減退

# 人間関係に禍《わざわい》の兆し
# 慎重な言動を心がけて

月運は【減退】に入り、恋愛、仕事、家庭とあらゆる面で注意が必要です。特に、弱点と思われるところに禍《わざわい》が起こりやすいため、人間関係で慎重さを求められることが多そうです。

これまで何を言っても笑って聞き流して、いつもあなたの都合に合わせてくれていた人が、会ってくれなくなったら危険信号。相手が我慢の限界に近づいたサインかもしれません。自分の言動を省みて、相手への気遣いを忘れないようにしてください。

パートナーがいる人は、二人のすれ違いが多くなるかもしれません。せっかくスケジュールを合わせた夏休みの旅行も、直前でキャンセルになる可能性があります。今月は距離をおくことも考えましょう。

### 8月［減退］日運

| 1 | 2 | 3 | 4 | 5 | 6 | 7 | 8 | 9 | 10 | 11 | 12 | 13 | 14 | 15 |
|---|---|---|---|---|---|---|---|---|---|---|---|---|---|---|
| 種子 | 緑生 | 立花 | △健弱 | ◎達成 | △乱気 | ○再会 | 財成 | 安定 | ×陰影 | ×停止 | ×減退 | 種子 | 緑生 | 立花 |

| 16 | 17 | 18 | 19 | 20 | 21 | 22 | 23 | 24 | 25 | 26 | 27 | 28 | 29 | 30 | 31 |
|---|---|---|---|---|---|---|---|---|---|---|---|---|---|---|---|
| △健弱 | ◎達成 | △乱気 | ○再会 | 財成 | 安定 | ×陰影 | ×停止 | ×減退 | 種子 | 緑生 | 立花 | △健弱 | ◎達成 | △乱気 | ○再会 |

◎＝超ラッキーデー／○＝ラッキーデー／△＝アンラッキーデー／×＝大殺界

## 2024年 9月の運気

緑生

# 仕事や勉強の基礎固めに注力を 恋人候補が現れる気配も

これから芽が出て成長していく【緑生】の今月は、新しいことをはじめたり、環境を変えるチャンスです。

ただ仕事や勉強の面では、新しいテクニックや難しい課題に挑戦するより、基礎固めに専念する方がいいでしょう。あまりに高いゴールに挑もうとすると、うまくいかなくて自信の喪失にも繋がる恐れがあります。

恋人募集中の人は、この時期に出会った人が大切な人になる可能性大。夏休みに知り合った人から連絡があったら、一度会ってみましょう。話して誠意を感じたら、次の約束をしてもいいでしょう。

親族に古希や喜寿などの歳祝いを迎える人がいたら、あなたがお祝い会の企画を。家族や親族との絆を強めることで、自分の足場を固めることができます。

### 9月[緑生]日運

| 1 | 2 | 3 | 4 | 5 | 6 | 7 | 8 | 9 | 10 | 11 | 12 | 13 | 14 | 15 |
|---|---|---|---|---|---|---|---|---|---|---|---|---|---|---|
| 安定 | ×陰影 | ×停止 | ×減退 | 種子 | 緑生 | 立花 | △健弱 | ◎達成 | △乱気 | ○再会 | 財成 | 安定 | ×陰影 | ×停止 |

| 16 | 17 | 18 | 19 | 20 | 21 | 22 | 23 | 24 | 25 | 26 | 27 | 28 | 29 | 30 |
|---|---|---|---|---|---|---|---|---|---|---|---|---|---|---|
| ×減退 | 種子 | 緑生 | 立花 | △健弱 | ◎達成 | △乱気 | ○再会 | 財成 | 安定 | ×陰影 | ×停止 | ×減退 | 種子 | 緑生 |

◎＝超ラッキーデー／○＝ラッキーデー／△＝アンラッキーデー／×＝大殺界

種子

## 一つひとつが信頼に繋がる
## 気分転換は笑い転げること

運命周期のスタートである【種子】の今月は、あらゆることが好運気に乗りはじめます。

打ち合わせや交渉など、人と折衝する場面が増えるかもしれませんが、一つひとつの仕事にしっかり取り組むことで、周囲からの信頼が高まるはずです。

気分転換には、買い物や外食をするより、仲の良い友人や家族と過ごす方がおすすめ。楽しい話で思いっきり笑い転げると、明るい気持ちになれるでしょう。

人との付き合いが広がると、耳に入る情報も多様になります。その中に、感性が刺激されそうなものがあったら、自分でも取り入れてみたり、行動してみたりするといいでしょう。今月は新しいことをはじめるにも絶好のタイミングなので、積極的に動いてみてください。

### 9月[種子]日運

| 1 | 2 | 3 | 4 | 5 | 6 | 7 | 8 | 9 | 10 | 11 | 12 | 13 | 14 | 15 |
|---|---|---|---|---|---|---|---|---|---|---|---|---|---|---|
| 財成 | 安定 | ×陰影 | ×停止 | ×減退 | 種子 | 緑生 | 立花 | △健弱 | ◎達成 | △乱気 | ○再会 | 財成 | 安定 | ×陰影 |

| 16 | 17 | 18 | 19 | 20 | 21 | 22 | 23 | 24 | 25 | 26 | 27 | 28 | 29 | 30 |
|---|---|---|---|---|---|---|---|---|---|---|---|---|---|---|
| ×停止 | ×減退 | 種子 | 緑生 | 立花 | △健弱 | ◎達成 | △乱気 | ○再会 | 財成 | 安定 | ×陰影 | ×停止 | ×減退 | 種子 |

◎＝超ラッキーデー／○＝ラッキーデー／△＝アンラッキーデー／×＝大殺界

# 2024年10月の運気

立花

## 将来に関わることが起きる兆し
## これまでの努力が報われそう

何事にも前向きに取り組むことができて、体調面でも良好な一ヵ月になるでしょう。

仕事や結婚などにおいて、将来に関わることを決断するチャンスがあるかもしれません。転職や縁談の話を持ちかけられたら、時間を作って詳しく話を聞いてみると人生の新たな扉が開けるかもしれません。

また、これまで努力を重ねてきたことが大きな実を結びそうです。とはいえ、いつまでもそのことを喜んでいるのはNGです。すぐに前を向いて、次の目標を立てるようにしてください。

今月、満期を迎える貯金や保険があったとしても、それをあてにして買い物をしてはいけません。来年は急な出費が予想されるので、くれぐれも慎重に。

### 10月[立花]日運

| 1 | 2 | 3 | 4 | 5 | 6 | 7 | 8 | 9 | 10 | 11 | 12 | 13 | 14 | 15 |
|---|---|---|---|---|---|---|---|---|---|---|---|---|---|---|
| 立花 | △健弱 | ◎達成 | △乱気 | ○再会 | 財成 | 安定 | ×陰影 | ×停止 | ×減退 | 種子 | 緑生 | 立花 | △健弱 | ◎達成 |

| 16 | 17 | 18 | 19 | 20 | 21 | 22 | 23 | 24 | 25 | 26 | 27 | 28 | 29 | 30 | 31 |
|---|---|---|---|---|---|---|---|---|---|---|---|---|---|---|---|
| △乱気 | ○再会 | 財成 | 安定 | ×陰影 | ×停止 | ×減退 | 種子 | 緑生 | 立花 | △健弱 | ◎達成 | △乱気 | ○再会 | 財成 | 安定 |

◎＝超ラッキーデー／○＝ラッキーデー／△＝アンラッキーデー／×＝大殺界

緑生

## 新しい分野での出会いに期待大
## 恋人とは将来の話をする好機

運気が上向きの今月は、さまざまなことが成長していく時期です。新しくスタートしたことも順調なすべり出しを見せるので努力を惜しまず続けてみましょう。いままで興味がなかったイベントや経験のないレジャーなどに誘われたら、慎重に相手を選んで参加すると◎。新しい出会いが期待できます。

交際期間が長い人は、相手の運気をチェックしたうえで、将来のことについて恋人と話し合ってみるのもいいでしょう。相手も真剣に考えていれば、話を切り出すタイミングを計っているところかもしれません。

人の意見に耳を傾ける余裕があるので、人間関係も好調です。意外な人からアドバイスをもらえるなど、あなたにとってプラスな作用が期待できそうです。

### 10月[緑生]日運

| 15 | 14 | 13 | 12 | 11 | 10 | 9 | 8 | 7 | 6 | 5 | 4 | 3 | 2 | 1 |
|---|---|---|---|---|---|---|---|---|---|---|---|---|---|---|
| △健弱 | 立花 | 緑生 | 種子 | ×減退 | ×停止 | ×陰影 | 安定 | 財成 | ○再会 | △乱気 | ◎達成 | △健弱 | 立花 | 緑生 |

| 31 | 30 | 29 | 28 | 27 | 26 | 25 | 24 | 23 | 22 | 21 | 20 | 19 | 18 | 17 | 16 |
|---|---|---|---|---|---|---|---|---|---|---|---|---|---|---|---|
| 財成 | ○再会 | △乱気 | ◎達成 | △健弱 | 立花 | 緑生 | 種子 | ×減退 | ×停止 | ×陰影 | 安定 | 財成 | ○再会 | △乱気 | ◎達成 |

◎＝超ラッキーデー／○＝ラッキーデー／△＝アンラッキーデー／×＝大殺界

健弱

# 疲労により物をなくす恐れあり 体を休める日もキープして

これまで3ヵ月間、好運気が続いたため、疲労や体調不良など健康面のトラブルに注意が必要です。

特に、疲れが溜まると気が緩みやすく、大事なものをなくす心配があります。外出するときにはなるべく荷物を少なくした方がいいでしょう。外出先でも、頻繁に持ち物を確認するようにしてください。

また、予定の詰め込みすぎはよくありません。こまごまとした用事を頼まれることが増えそうですが、無理のない範囲のことだけを引き受けるように。ゆっくり体を休める日を確保することも大切です。

デートやレジャーも遠出はしないで、近場やお互いの家で過ごすようにしましょう。その方が体に負担をかけずに済み、気持ちも安らぐはずです。

## 11月［健弱］日運

| 1 | 2 | 3 | 4 | 5 | 6 | 7 | 8 | 9 | 10 | 11 | 12 | 13 | 14 | 15 |
|---|---|---|---|---|---|---|---|---|---|---|---|---|---|---|
| ×陰影 | ×停止 | ×減退 | 種子 | 緑生 | 立花 | △健弱 | ◎達成 | △乱気 | ○再会 | 財成 | 安定 | ×陰影 | ×停止 | ×減退 |

| 16 | 17 | 18 | 19 | 20 | 21 | 22 | 23 | 24 | 25 | 26 | 27 | 28 | 29 | 30 |
|---|---|---|---|---|---|---|---|---|---|---|---|---|---|---|
| 種子 | 緑生 | 立花 | △健弱 | ◎達成 | △乱気 | ○再会 | 財成 | 安定 | ×陰影 | ×停止 | ×減退 | 種子 | 緑生 | 立花 |

◎＝超ラッキーデー／○＝ラッキーデー／△＝アンラッキーデー／×＝大殺界

立花

# 今月手に入れたことが人生に好影響を与える可能性も

月運が【立花】の今月は、将来に繋がることがあるかもしれない大切なとき。この時期に手に入れたものは、これからの人生で大きな役割を果たす可能性があります。どんなことであっても、声をかけられたらできるだけ応じるようにしましょう。

また、ここしばらく真剣に考えてきたことを実行に移す好機でもあります。好運気が味方して、周囲の理解や協力も得られやすいので、予想以上に早く結果が出る可能性も高そうです。

恋人がいる人は、恋愛面も絶好調。行きたかったところへ一緒に出かけたり、プレゼントを贈ったりと、デートも贅沢に楽しむといいでしょう。結婚話が進展していなかった人も、具体的になるかもしれません。

## 11月[立花]日運

| 15 | 14 | 13 | 12 | 11 | 10 | 9 | 8 | 7 | 6 | 5 | 4 | 3 | 2 | 1 |
|---|---|---|---|---|---|---|---|---|---|---|---|---|---|---|
| ×停止 | ×陰影 | 安定 | 財成 | ○再会 | △乱気 | ◎達成 | △健弱 | 立花 | 緑生 | 種子 | ×減退 | ×停止 | ×陰影 | 安定 |

| 30 | 29 | 28 | 27 | 26 | 25 | 24 | 23 | 22 | 21 | 20 | 19 | 18 | 17 | 16 |
|---|---|---|---|---|---|---|---|---|---|---|---|---|---|---|
| 緑生 | 種子 | ×減退 | ×停止 | ×陰影 | 安定 | 財成 | ○再会 | △乱気 | ◎達成 | △健弱 | 立花 | 緑生 | 種子 | ×減退 |

◎＝超ラッキーデー／○＝ラッキーデー／△＝アンラッキーデー／×＝大殺界

# 火星人＋

2024年 12月の運気

## 達成

## 仕事で良い成果が得られそう 恋愛面も大きく進展する兆し

一年の中で最高の好運気である今月は、長所を存分に発揮でき、あらゆることが充実するでしょう。

仕事では、持ち前の勘が冴え、それが認められて満足のいく成果が得られるのを実感できそうです。

周囲の人の行動を見て、いまの自分に不足していることや、もっと向上しなければならないことに気付いたら、それを来年の目標に取り入れるといいでしょう。

年末は、ロマンチックな出会いや恋人との関係に進展が期待できます。想定外のことが起きても、流れはあなたに味方するので、安心してください。

ただし、何事も好調の陰にトラブルが潜んでいる恐れがあるので、油断は禁物です。問題の芽を見つけたら、すぐに対処してください。

### 12月［達成］日運

| 15 | 14 | 13 | 12 | 11 | 10 | 9 | 8 | 7 | 6 | 5 | 4 | 3 | 2 | 1 |
|---|---|---|---|---|---|---|---|---|---|---|---|---|---|---|
| △乱気 | ◎達成 | △健弱 | 立花 | 緑生 | 種子 | ×減退 | ×停止 | ×陰影 | 安定 | 財成 | ○再会 | △乱気 | ◎達成 | △健弱 |

| 31 | 30 | 29 | 28 | 27 | 26 | 25 | 24 | 23 | 22 | 21 | 20 | 19 | 18 | 17 | 16 |
|---|---|---|---|---|---|---|---|---|---|---|---|---|---|---|---|
| ×陰影 | 安定 | 財成 | ○再会 | △乱気 | ◎達成 | △健弱 | 立花 | 緑生 | 種子 | ×減退 | ×停止 | ×陰影 | 安定 | 財成 | ○再会 |

◎＝超ラッキーデー／○＝ラッキーデー／△＝アンラッキーデー／×＝大殺界

健弱

# 完璧にしようと思わないでOK 忘年会もデートも無理しないで

月運が【健弱】の今月は、好運気で頑張ったぶん、心身ともに疲れやすくなっています。仕事や勉強に加えて、趣味や恋愛も面倒に感じられて、すべてがどうでもいいという気持ちになるかもしれません。

特に健康面に不安が出やすい時期だけに、無理は禁物です。すべて完璧に仕上げようと思わず、最低限のことをすればいいというくらいの気持ちでいましょう。

年末にかけて、クリスマスパーティーや忘年会などの誘いも多くなりそうですが、優先するのは自分の体調です。どうしても外せないものだけ出席するように。

恋人とのデートは、張り切って出かけるようなところではなく、行きつけのレストランやお互いの部屋など、気兼ねなく過ごせる場所の方がいいでしょう。

## 12月［健弱］日運

| 15 | 14 | 13 | 12 | 11 | 10 | 9 | 8 | 7 | 6 | 5 | 4 | 3 | 2 | 1 |
|---|---|---|---|---|---|---|---|---|---|---|---|---|---|---|
| ◎達成 | △健弱 | 立花 | 緑生 | 種子 | ×減退 | ×停止 | ×陰影 | 安定 | 財成 | ○再会 | △乱気 | ◎達成 | △健弱 | 立花 |

| 31 | 30 | 29 | 28 | 27 | 26 | 25 | 24 | 23 | 22 | 21 | 20 | 19 | 18 | 17 | 16 |
|---|---|---|---|---|---|---|---|---|---|---|---|---|---|---|---|
| 安定 | 財成 | ○再会 | △乱気 | ◎達成 | △健弱 | 立花 | 緑生 | 種子 | ×減退 | ×停止 | ×陰影 | 安定 | 財成 | ○再会 | △乱気 |

◎＝超ラッキーデー／○＝ラッキーデー／△＝アンラッキーデー／×＝大殺界

# 火星人のあなたがたどる これから12年間の運命

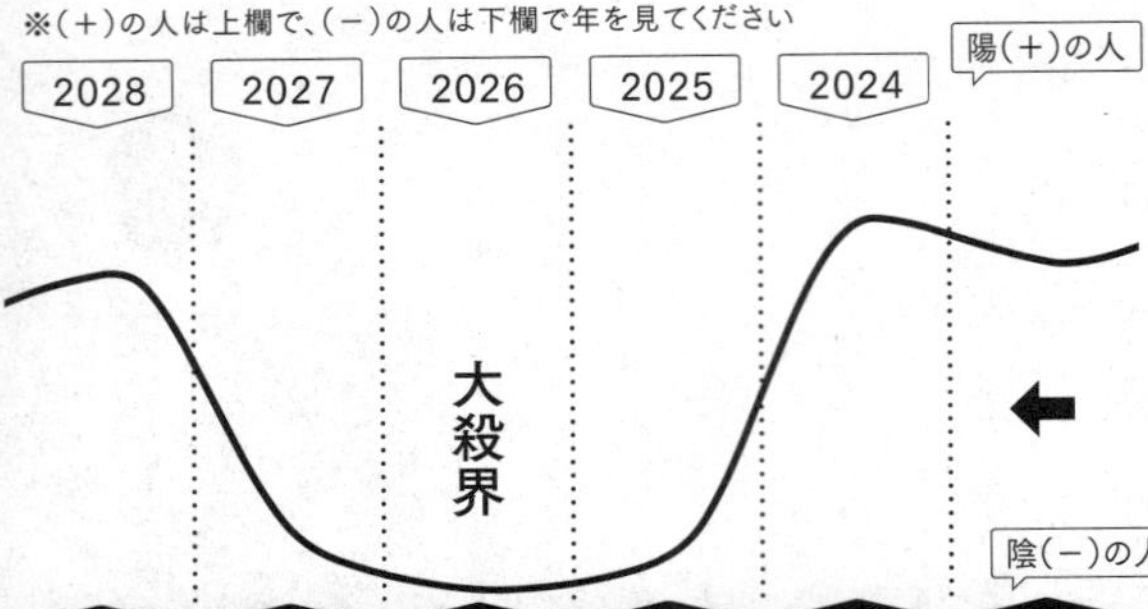

※(＋)の人は上欄で、(－)の人は下欄で年を見てください

## 2024 財《ざい》成《せい》…

精神的にも経済的にも余裕が生まれるので、ビジネス面では周囲の評価が高まる。大きな仕事をまかされることもある。また、趣味や恋愛も大いに楽しむことができる実り多き一年に。

## 2025 安《あん》定《てい》…

仕事や勉強では大きな成果を上げられる期待が。恋愛でも恋人との絆がさらに深まるなど、存分に楽しめそう。ただし、来年からの〝大殺界〟に備え、公私ともに堅実な生活を整えて。

## 2026 陰《いん》影《えい》…

現状に甘んじていると痛い目に遭う恐れが。やみくもに動くより、向上心を持ちつつ盤石な基盤作りに専念して。悩みをひとりで抱え込むと事態をより悪化させるだけ。周囲に相談を。

## 2027 停《てい》止《し》…

トラブル続きで先が見えず、心身ともに疲れ果て目の前が真っ暗に感じる。ヤケになると大切なものを失う恐れが。現状を素直に受け入れ、冷静な判断で慎重に一歩ずつ進むことが大切。

## 2028 減《げん》退《たい》…

何をしても結果が出にくい。思い通りに事が進まないばかりか、抱えている問題がより深刻化する恐れが。厳しい状態が続いても、焦らず、嵐が過ぎ去るまで辛抱で乗り切る覚悟を。

## 2029 種《しゅ》子《し》…

3年間の〝大殺界〟を抜け、前向きな気持ちになれそう。これからの人生をより充実したものにするために、長期的な視点で目標や計画を立てる時期。下調べや準備に力を入れると開運に。

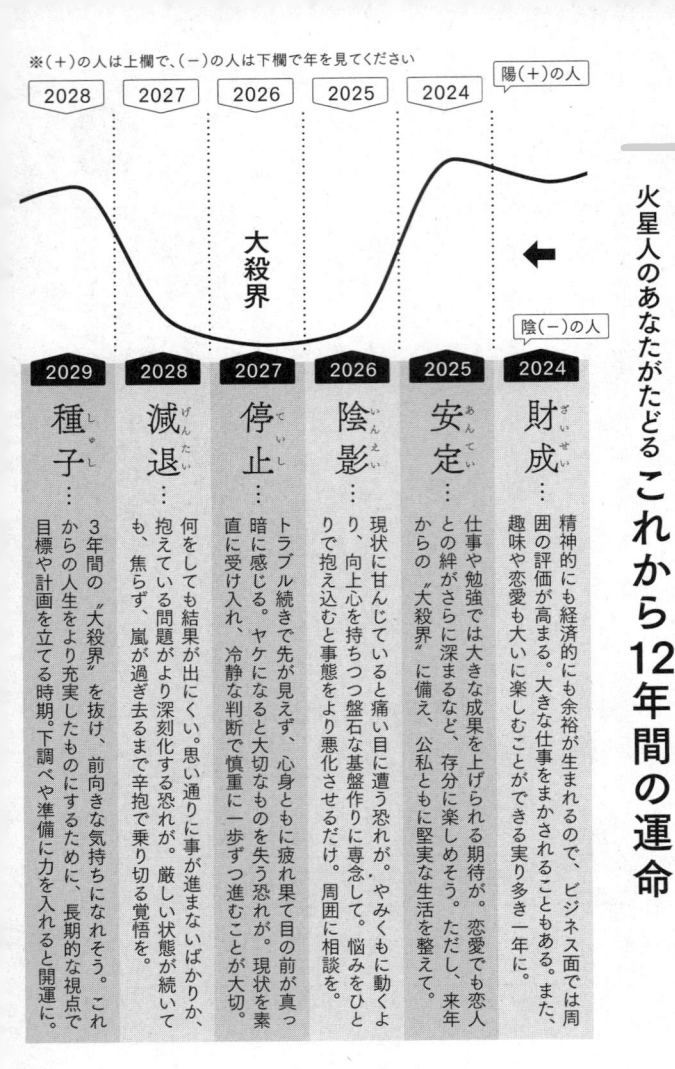

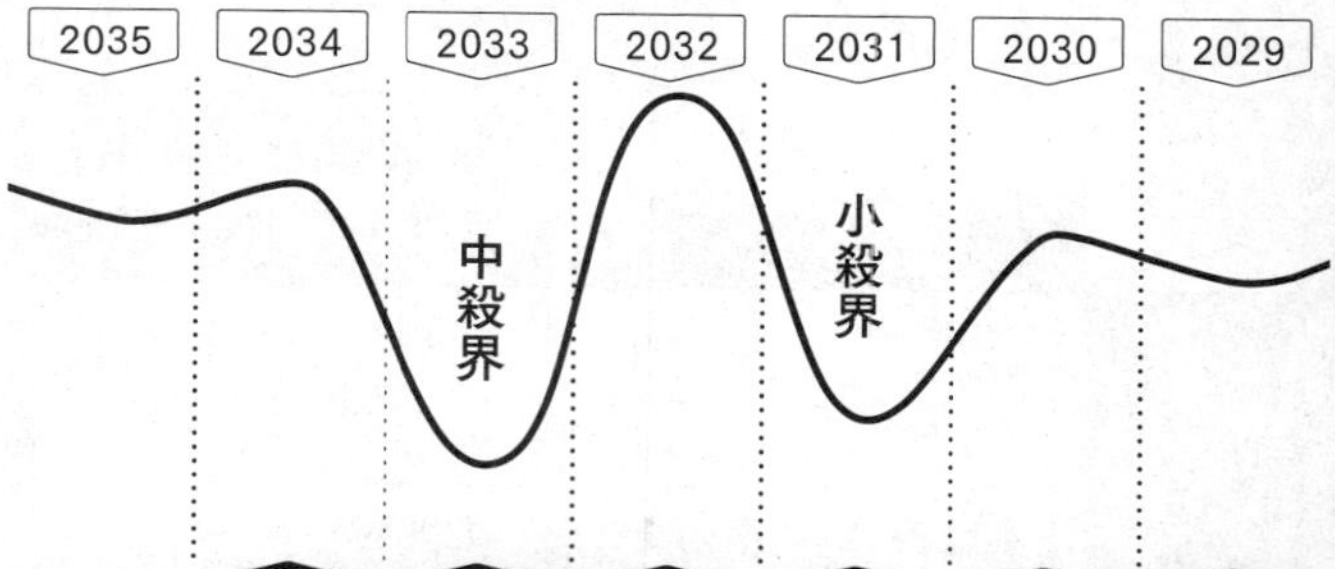


**2030**

## 緑生《りょくせい》…

集中力や記憶力がアップする。勉強や仕事に本腰を入れて取り組めば、大きな成長が見込める時期。好き嫌いにとらわれずいろいろチャレンジすると、予想外のチャンスをものにできそう。

**2031**

## 立花《りっか》…

将来を決定づける大事な一年。失敗を恐れず、チャレンジ精神で何事にもトライ。迷ったときは、年上の人のアドバイスに耳を傾けて。好き嫌いだけで判断すると大きな悔いを残すことも。

**2032**

## 健弱《けんじゃく》…

勢いにストップがかかり、すべてがスローダウン。自分は一生懸命なつもりでも周りからは自己中心的と批判されることが。不注意によるケガや、ストレスからの体調の変化に要注意。

**2033**

## 達成《たっせい》…

仕事、学業、恋愛、金銭など、すべてにわたって絶好調の好運気。長年の夢が実現したり、幸運が次々に舞い込むタイミング。何事にも前向きにどんどんチャレンジしましょう。

**2034**

## 乱気《らんき》…

イライラして落ち着きがなく、判断力が低下して軽はずみな行動が多くなる。精神的に不安定になりやすく、人間関係で予期せぬトラブルに巻き込まれないように言動には十分注意して。

**2035**

## 再会《さいかい》…

長年のトラブルや心配事が解消し、心機一転、好調なスタートが切れる。過去に諦《あきら》めていたことがあるなら、年内に再チャレンジが吉。結婚や転職、転居を考えている人は年内に決断を。

## 財成《ざいせい》…

経済的に恵まれた一年が期待できる。ただし、蓄財に執着するのはNG。財を得たら、人のために使うことを心がけて。転職や起業を考えている人は、キャリアアップの絶好のタイミング。

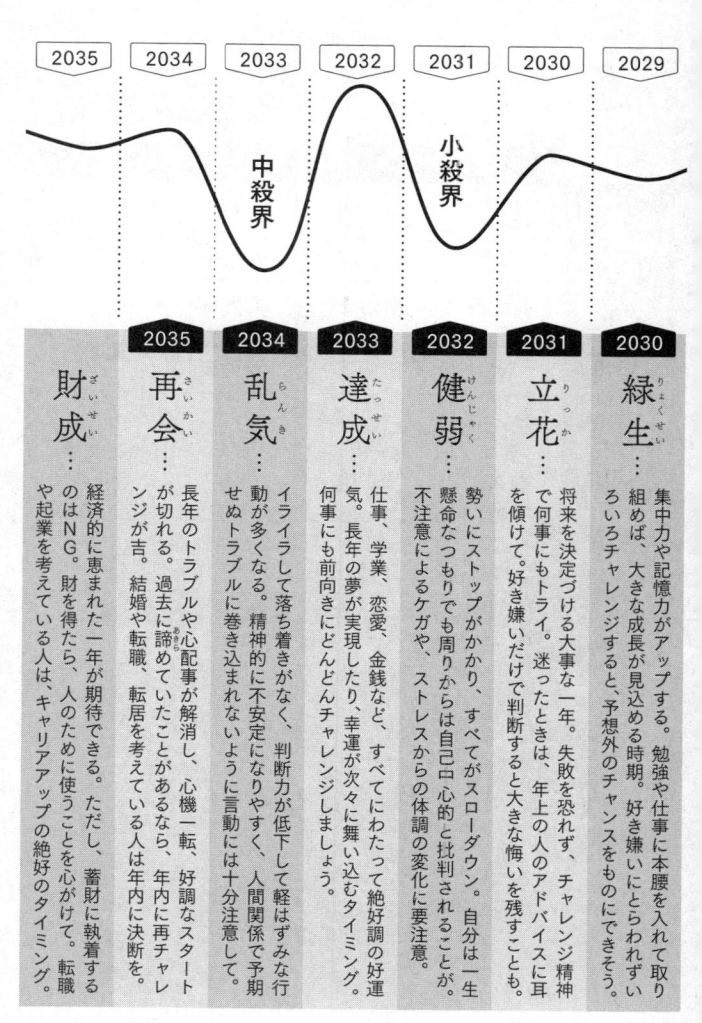

# 火星人のラッキーポイント

| | (＋)の人 幸運 | (＋)の人 不運 | (－)の人 幸運 | (－)の人 不運 |
|---|---|---|---|---|
| 月 | 10月<br>12月<br>3月 | 5〜7月<br>1月 | 11月<br>1月<br>4月 | 6〜8月<br>2月 |
| 方角 | 西北西<br>北<br>東 | 南南東<br>南<br>南南西 | 北北西<br>北北東<br>東南東 | 南<br>南西 |
| 異性との相性 | 戌・子・卯年生まれ | 巳・午・未・丑年生まれ | 亥・丑・辰年生まれ | 午・未・申・寅年生まれ |

| | |
|---|---|
| 健康運 | 膣、陰嚢《いんのう》、子宮、肛門など生殖器周辺に要注意。ほかの内臓にも病気の恐れがある。 |
| 勝負運 | 曇りの日や夜の勝負に強い。粘り勝ちが身上。くじ運などが抜群に良い。 |

Items
**幸運なもの** …… 音楽、アンティーク、本、アルコール、帽子

Colors
**幸運な色** …… 水色、黒、灰色、黄
タブー色＝赤

Places
**幸運な場所** …… 海、洞窟など自然を感じられる場所、ロッジ、マンション、ホテル、プール、バー、スナック、美術館

Sports
**幸運なスポーツ** …… スキー、スケート、スキューバ・ダイビング、水泳

# 第5章

# 火星人の良い相性、ダメになる相性

# 『六星占術』による相性の読み方

人はひとりでは生きていけない――誰もが、家族、恋人、友人、職場の上司、同僚、後輩など、いろいろな人と接しながら生きています。でも、たくさんの人と接する中で「なぜかあの人とは呼吸が合う」「なんだかあの人は苦手だ」と感じることはありませんか？その根底にあるものは、人と人の「相性」です。もし、あらかじめ人との相性を知ったうえで関わることができたら、より良い人間関係を築くことができるようになります。

## ◆『六星占術』は3つの側面から分析

基本的には、相性を3つの側面から判断していくのが『六星占術』の考え方です。まずは、時間の経過によって変化していく「**天運**《てんうん》」、相手の干支《えと》によって定まっている「**地運**《ちうん》」、そして、星人の気質から判断する「**人運**《じんうん》」です。

中でもいちばん影響を及ぼすのが、お互いの運気の組み合わせによって変わる「天運」です。どの星人も年（月、日）ごとに運気が変わっていくので、相手との天運は一定ではありません。どちらか一方、あるいは両方の運気に〝殺界〟がからんでいるときは、それまで良い関係にあった二人でもズレが生じやすくなります。

逆に、どちらも運気に恵まれているとき＝天運が良いときは、お互いの長所を引き出し合うことができます。結婚や同棲、夫婦でマイホームを買う、共同で事業を起ち上げるなど、何かを一緒にはじめるなら、天運が良いときを選ぶとうまくいく確率がグッと上がります。星人ごとの今年の天運については、P104〜P115に詳しく書きましたので、そちらを参照してください。

次に重要なのが、星人ごとに「相手の生まれ年の干支」から判断する「地運」です。年（月、日）運に関係なく、この人とはどうもソリが合わない、いつも反発し合う……という場合は、地運が悪い〝相性殺界《あいしょうさっかい》〟の可能性があります。

占命盤《せんめいばん》には12個の円に干支が示されています。地運はその隣に記されている運気で判断します。干支によって決まるので、生涯変わりません。仕事でもプライベートでも、大事なパートナーを決めるときは、地運の良い相手を選ぶ方がいいでしょう。こちらはP116〜P119を参照してください。

3番目が「人運」です。星人ごとに性格も気質も違うので、ぶつかり合ったり惹かれ合ったりするのは当たり前のことです。P120の「早見表」で確認してみてください。

火星人＋安定 → 土星人＋ 達成

## 力を合わせれば困難は克服できる

独創的な考え方をする土星人（＋）からは、ほかの星人とは異なる刺激を受けられるでしょう。今年は、あなたの方から積極的にコミュニケーションを取ることをおすすめします。

仕事仲間の場合、気軽な雑談でも心から楽しめて、そこから新しいアイデアが生まれるかもしれません。相手によっては、ほかの人にはない魅力を感じて急接近し、一気に恋愛に発展する可能性もあります。

どちらも人生の実りを迎える運気にあるので、二人で力を合わせれば少々の困難は乗り越えられるはずです。夫婦や家族の問題を解決するにも、今年は絶好のチャンスでしょう。

火星人＋安定 → 土星人－ 健弱

## あなたが主導権を握るとうまくいく

今年の土星人（－）は、こだわりの強さが〝小殺界〟の【健弱】で強調されて意固地になりがちです。そのため周囲の人とも小さな衝突が絶えず、いつの間にかあなたが仲裁役になっていることもありそうです。

仕事の場面では、あなたがリーダーシップを取って、問題が起こらないように対処してあげるとうまくいきそうです。

恋人の場合、年内の結婚に向けて話を進めてもいいでしょう。あるいは、互いに好運気に入る4年後まで待つのもおすすめです。最近知り合った人であれば、しばらく距離を取りながら相手を観察してみましょう。

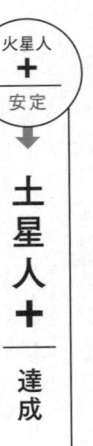

火星人＋安定 → 金星人＋再会

## 理想的なパートナーになれる

どちらも好運気に入っているため、誰の助けも借りずに、二人のパワーだけで良好な関係が築けて、幸せを実感できるでしょう。

新しいビジネスをはじめようとしている人にとって、金星人（＋）は理想的なパートナと言えそうです。あなたの洞察力と相手の行動力が結びつけば、誰にも負けない夢のような展開が待っているかもしれません。

同棲中の二人なら、今年中に結婚に踏み切っても◎。周囲から大きな祝福を受けて、幸せな生活をスタートできるでしょう。

相手が気まずい関係の同僚や友人の場合も、今年は関係修復のチャンスです。

火星人＋安定 → 金星人−乱気

## 相手に振り回されないよう工夫を

金星人（−）とは、相性運が良いときなら何事もスムーズに展開しますが、今年はうまく噛み合いそうにありません。

そのうえ、相手の軽々しい話し方が鬱陶《うっとう》しく感じられることもあります。軽はずみな行動も目につき、その尻拭《しりぬぐ》いをさせられたり、イラ立ちが募るばかりでしょう。

そんな金星人（−）の言動に振り回されないためには、なるべく接点を持たないことが最善です。家族やパートナー、会社の上司など、関わりを絶てない相手の場合でも、あなたがコントロールするくらいのつもりで接するのがよさそうです。

火星人＋ 安定 → 火星人＋ 安定

## 何事も息ぴったりで進められる

好運気の二人は考え方や行動パターンが似ていて、何をしても調子よく進められます。ただし来年からは〝大殺界〟に入るので、その準備はしておきましょう。

相手がビジネスパートナーなら、今年中に中長期の計画を話し合っておくようにしてください。予算についても、今後3年間の見通しを立てておくことが大切です。

恋人なら、好調な運気の今年中に結婚しておきたいところです。資金や新居など、準備が間に合わないことがあっても、心配しなくて大丈夫。周りのサポートも期待できるので、うまく乗り切れるに違いありません。

火星人＋ 安定 → 火星人－ 財成

## 充実した時間を過ごせる二人

もともとユニークな発想で人をあっと言わせる火星人同士の二人が、今年はともに好運気。恋愛を楽しんだり、思い出に残る時間を過ごしたりと充実した一年になりそうです。

恋人や夫婦の関係であれば、人生設計について話し合いを持つといいでしょう。

仕事のパートナーの場合も、願ってもない理想通りの相手でしょう。いつもなら自分達のアイデアに入れ込みすぎて、冷静な視点を失いがちな二人ですが、今年は火星人（－）の財政的な豊かさによって、より完成度の高いプランを立てることができます。その結果、ビジネスも拡大するに違いありません。

火星人＋安定→天王星人＋停止

## 二人だけで行動するのは避けて

今年の天王星人（＋）は、〝大殺界〟のど真ん中にあって周囲との調和が取れないため、心身ともに充実しているあなたにとっては、煩《わずら》わしく感じるかもしれません。

相手の抱えるトラブルに巻き込まれると、せっかくの好運気を活かせず、来年も足を引っ張られる恐れがあります。どんな関係であっても、今年は距離をおく方が賢明です。

職場の上司や同僚など、避けられない間柄の場合、二人だけで行動しないように心がけて。ほかに運気の良い人にも加わってもらうなどして、〝大殺界〟の影響をあなたひとりで背負わないようにしましょう。

火星人＋安定→天王星人－陰影

## なるべく接点を減らしたい相手

天王星人（－）が煮え切らないため、決断の早いあなたはイライラさせられそうです。

特に、相手は今年から〝大殺界〟に入り、運気が下降しはじめています。相手の後ろ向きな気持ちに引き込まれないためには、接点を減らすことがいちばんです。

どうしても顔を合わせなければいけない場合は、うまく相づちを打つなどして、聞き流すのが賢明でしょう。サポートや同情を求められても、できるだけ距離を取るように。

一緒に結論を出さなければならない案件がある場合は、あなたが先手を打って答えを用意しておくのも一つの方法です。

火星人
+
安定
↓
## 木星人+ 種子

### お互いの特徴を活かして活躍できる

元気がよくて意欲的な木星人（+）と一緒にいると、あなたも影響を受けて前向きな気持ちになれるでしょう。それだけでなく、仕事も勉強も着実に進める相手に助けられて、大きな成果を手にできそうです。

行動派と慎重派というタイプが違う二人ですが、今年はそれを活かせるので、一緒に何かをスタートする絶好の機会になりそうです。

ビジネスを起ち上げてもいいですし、相手が恋人なら結婚に踏み切るのもいいでしょう。

今年に入ってから新しく知り合った木星人（+）は、生涯の親友になるかもしれません。心を開いて、親しくなっておきましょう。

火星人
+
安定
↓
## 木星人− 減退

### 不安定な相手をサポートしてあげて

木星人（−）は、今年〝大殺界〟の3年目で心身ともに不安定になりがちです。そのため、二人の関係が近ければ近いほど、行き違いが生じる可能性が高くなるでしょう。

そうはいっても、冷たくするのはよくありません。相手は来年、運気が上昇する【種子】、あなたは〝大殺界〟に入るので、助けてもらう機会が増えるかもしれません。どんなことでも〝お互いさま〟と考えて、できる範囲でサポートしましょう。

相手が恋人の場合、二人にとって試練の年になりそうです。お互いが〝大殺界〟を抜け出すまで、我慢して乗り切りましょう。

火星人＋安定 → 水星人＋ 立花

## 強い信頼でお互いの力を発揮できる

火星人（＋）も水星人（＋）もベタベタした関係が苦手なタイプ。そのため、お互いに尊重して適切な距離を保ちながら、それぞれの力を発揮するのが向いているでしょう。

一緒に仕事をする間柄の場合、大きな成果を収めることができ、予定外の収入も得られて、信頼関係が深まりそうです。

相手が恋人やパートナーの場合も、確かな信頼関係を築けるでしょう。一時的にほかの誰かに目を奪われたとしても、それが相手の魅力を見直すきっかけになるかもしれません。

結婚を考えている人は今年中がおすすめ。来年に持ち越すと話が流れる恐れがあります。

火星人＋安定 → 水星人－ 緑生

## 親密さが高まり穏やかに過ごせる

二人とも相手の長所を見て、短所には寛容でいられるので、穏やかな気持ちで過ごせそうです。信頼関係も一段と深まるでしょう。

初対面でも、すぐに打ち解け合い、親しくなれるに違いありません。

水星人（－）はあなたの感性を認めてくれるので、相手が職場の上司や取引先なら、安心して仕事に取り組めるはずです。予想以上に大きな成果も期待できるでしょう。

相手が恋人の場合も良好な関係が続けられ、親密さが増しそうです。二人とも温かい家庭を求める気持ちが強まってくるので、結婚に踏み切るにもいいタイミングと言えます。

火星人
－
財成

# 土星人＋
達成

## 強く惹かれ合ってより良い関係に

好運気同士の二人だけあり、今年はお互いに強く惹かれ合うことになりそうです。

特に、愛情面では充実した一年になるでしょう。友人や同僚から恋人関係に発展したり、恋人との間に結婚の話題が出たりと、一歩進んだ関係になる可能性があります。

交際期間が短いカップルの場合、将来の話をするには早いと思うかもしれませんが、いずれ結婚したいと思っているなら、今年中に決断することをおすすめします。

仕事のパートナーの場合も関係は良好です。ただし、自分の考えだけで物事を決めようとせず、相手の意見も聞くようにしましょう。

火星人
－
財成

# 土星人－
健弱

## お金が絡むことはひとりで決断を

土星人（－）は、〝小殺界〟の【健弱】に入っているため、動きに活発さがなく、思考的にも普段の冷静さが感じられなくなりそうです。それに振り回されていると、好運気を存分に活かせなくなるでしょう。

夫婦や恋人、ビジネスパートナーの場合、何事も思うように進められないかもしれません。愛情面でも一方通行が心配されます。

努力したぶんだけ金銭的な実りを得られる【財成】なので、お金に絡むことは土星人（－）に頼らず、ひとりで決断した方がいいでしょう。そのぶん、責任も重くなりますが、悪い結果にはならないはずです。

火星人－財成 → 金星人＋ 再会

## 有益な情報や人脈をもたらしてくれる

二人とも絶好調の今年は、何をしても楽しいでしょう。仕事や勉強、人間関係などもうまくいくので、成功の果実を苦労なく手にすることができそうです。

普段は自分の勘に頼りがちで、周りの話題に無頓着なところがありますが、今年は金星人（＋）がもたらす情報を重視するように。

社交的な金星人（＋）と一緒に行動すると、人付き合いはやや苦手なあなたも、公私ともに自然と人脈を広げることができるでしょう。

そうして知り合った人の中に、将来、ビジネスをするうえであなたに財をもたらしてくれる人がいるかもしれません。

火星人－財成 → 金星人－ 乱気

## 相手の非は我慢してあなた主導で

金星人（－）は本来、状況判断に優れた頼りがいのある存在ですが、今年は情報に偏りがあったり、判断のタイミングを逃したりと、一緒にいると、少し不安に感じるところがあるかもしれません。

ビジネスを一緒に進めている相手なら、今年はあなたが主導権を握るようにしましょう。

相手が恋人の場合、金星人（－）は心が定まっていないため、言うことや態度が変わりやすく、信頼できない行動を取るかもしれません。プライドの高いあなたは傷つく可能性もありますが、今年は我慢してください。来年になれば、関係は修復できるはずです。

火星人
ー
財成

## 火星人＋
安定

### 二人の決断がいい成果に繋がる

二人とも好運気を迎えるため、何をしても息が合って、気持ちよく付き合えるでしょう。相手が仕事関係の人でも家族でも、一緒にいると大きな安らぎを得られるはずです。

一緒にはじめたことや決めたことは、どれも驚くほどスムーズに進みそうです。仕事の面では、大きな成果を得られるに違いありません。金銭面では、貯蓄や投資の読みも的中し、余裕が出てくるでしょう。

ただし、その心地よさに浸っていると、ほかの人との繋がりが絶たれる心配があります。好運気を活かすには、心をオープンにして、さまざまな人と付き合うようにしてください。

火星人
ー
財成

## 火星人ー
財成

### 行動をともにすれば財運がより強まる

今年の火星人（ー）は何をしてもお金に結びつくので、二人で一緒に行動すれば、財運がいっそう強まるに違いありません。

事業を一緒に行う場合も、問題なく順調にいくでしょう。二人で手がけたことが利益を生み、会社の経営を支えたり、社会から高い評価を受けたりする可能性があります。

どちらも少々神経質なところがありますが、今年はそれも弱まるので、信頼や愛情を深めて関係性を強くすることもできるでしょう。

ただし、お金と愛情の両方を手にするのは至難の業。どちらが大切かを冷静に判断する必要に迫られるかもしれません。

火星人−財成

# 天王星人＋停止

## トラブルに巻き込まれる恐れあり

〝大殺界〟の真ん中にいる天王星人（＋）と一緒にいると、何かとトラブルが起きる一年になりそうです。こういうときに愛情を育むのは、不可能に近いと言えるでしょう。

友達から恋人へ関係が進みかけていた人も、いまのままでいた方が賢明。結婚話も進みそうにないので保留にしておきましょう。

また、天王星人（＋）のだらしない一面が禍《わざわい》して、あなたが稼いだお金を使い果たしてしまう心配もあります。

親密な相手や、付き合いが長い相手ほど、問題が深刻化する恐れがあるので、夫婦や恋人の場合は、よりいっそう注意してください。

火星人−財成

# 天王星人−陰影

## 頼られて鬱陶《うっとう》しく感じる相手

天王星人（−）は〝大殺界〟に入ったので、何かとあなたを頼ってくるかもしれません。

しかし、火星人は、もともと人に振り回されたくないマイペースなタイプのうえ、いまは好運気にいるので、そうした相手を煩《わずら》わしく感じそうです。とはいえ、冷たくあしらって、恨みを買うのも困りもの。

こういうときは、状況をしっかり見極めて、近寄ったり、距離をおいたりして、柔軟に対応するのがいいでしょう。

相手が仕事上のパートナーの場合、決断すべきことはあなたが引き受けてください。そうすれば、チャンスを逃さずに済みそうです。

火星人ー 財成 → 木星人＋ 種子

## 財産作りで力を貸してもらえる

運気が上向きはじめた木星人（＋）は、あなたにとって大切な役割を果たしてくれます。特に今年、経済的な基盤を築こうと思っているなら、力を貸してもらうといいでしょう。あなたのアイデアを木星人（＋）の堅実な視点で検討してもらうと、ビジネスや貯蓄や投資でも成果を手にすることができそうです。

ただし、自分の要望を押しつけてばかりではいけません。相手の希望も聞いて、あなたが協力してあげることも重要です。

今年、知り合った木星人（＋）とは、恋に発展する可能性もあるので、一つひとつの出会いも大切にしてください。

火星人ー 財成 → 木星人ー 減退

## 担当や役割を分けるとうまくいく

即断即決が信条のあなたにとって、慎重すぎる木星人（ー）が近くにいると、どうしてももどかしく感じてしまうでしょう。

ビジネスを一緒に進めるなら、責任の範囲を分けて、あなたの担当分は任せてもらうようにし。自分のペースで取り組んだ方が、スムーズに進められて、成果も大きいはずです。

夫婦の間柄であれば、口を出しすぎるのは得策ではありません。相手を尊重しつつ、あなたの望む方向で結論が出るよう、うまくコントロールするといいでしょう。

結婚を考えているなら、相手が男性の場合は〝大殺界〟が明ける来年まで待ちましょう。

火星人
ー
財成
↓
水星人＋
立花

## 二人の将来に繋がる幸運が手に入る

今年は、二人の将来を決定づける重要な一年になりそうです。

夫婦なら子宝を授かったり、マイホームを手に入れられるかもしれません。またカップルなら婚約や結婚、仕事のパートナーなら商売で成功、といった幸運を手にできそうです。

水星人（＋）の目先の利益だけを追わない考え方は、あなたにとって新鮮に映るでしょう。それが刺激となり、より大きな成果を生むことも期待できます。

お互いにワガママを言わなければ、プラスの影響を与え合う良好な関係をキープできるに違いありません。

火星人
ー
財成
↓
水星人ー
緑生

## 協力すれば経済面で大成功することも

運気が【財成】と【緑生】の組み合わせは、経済面で協力すると大成功が期待できます。

特に、水星人の情に流されない考え方は、無駄遣いしがちなあなたにとって、良き模範となるでしょう。長い目で見れば、あなたの生き方にまで影響を及ぼすかもしれません。

ただし、お金にばかり目を向けていると、人間関係に亀裂が入る恐れがあります。

夫婦やカップルの場合は、いっそう気を付けてください。どちらも人とのコミュニケーションや愛情を確かめ合うのが苦手なだけに、二人の関係が冷え込むことも。今年、結婚を考えている人は、決断してよさそうです。

# 「十二支」が持つ基本性格

「十二支」は中国に古くから伝わる、人間鑑定のヒント。その根拠は、十二支が時間の象徴であり、自然界―宇宙とも通じていることにあります。さまざまな説がありますが、ここでは古くから伝わる、最も基本的な見立てを紹介しましょう。

**子**《ね》年生まれ

どんな環境にも順応する柔軟性が持ち味。人一倍知的好奇心が旺盛で、行動力抜群。反面、一ヵ所にじっとしているのは苦手で、少々強引なところも。

**丑**《うし》年生まれ

愛情豊かで人情に厚い。警戒心が強いため、受け身の姿勢が目立つ。派手さとは無縁。行動はスローだが、粘り強く、着実に人生を切り拓いていく。

**寅**《とら》年生まれ

楽天主義者で、興味を持ったことには積極的にトライ。ただ、環境の変化に弱く途中で挫折することも。人に無償で尽くすことに喜びを感じる。

**卯**《う》年生まれ

ほのぼのとした雰囲気で人をなごませ、周囲の信頼と尊敬を集める。心根の優しさは抜群。強引な言動に出ることはないが、決定力に欠けるところも。

**辰《たつ》年生まれ**
冒険やロマンに憧れる夢想家。小さなことにこだわらない。社会や組織の中でリーダーシップを発揮するものの、細かな気配りには欠ける面もある。

**巳《み》年生まれ**
困難に屈しない強い精神力、貪欲な向上心が特徴。慣習や伝統にとらわれない自由な発想の持ち主。気の長いところがあり、スピードに乗れない面も。

**午《うま》年生まれ**
誰とでもオープンに付き合える柔軟性の持ち主。リーダーシップを取らせると天下一品かも。負けず嫌いで、常に前を行かないとふてくされることが。

**未《ひつじ》年生まれ**
のんびり屋のように見えて、細かな気配りを忘れない。世の中の動きを先取りするセンスは抜群で、行動も早い。自己アピールが得意ではない。

**申《さる》年生まれ**
気が短く、何事も即断即決で進めようとする。柔軟な発想で周囲を引っ張っていく姿が印象的。ときおり見せる頑固さが周囲を戸惑わせることも。

**酉《とり》年生まれ**
保守的で、頑《かたく》なにルールを守ろうとする。常に堅実な考え方に立って現実と向き合う。組織のまとめ役に適任だが、お金にだらしない一面も。

**戌《いぬ》年生まれ**
明るく人なつっこい性格。セックスアピールも抜群。心を許した相手には最後まで忠誠を尽くそうとするところが。ただ、怒らせるといちばん面倒臭い。

**亥《い》年生まれ**
自分の信念にこだわる意志強固な人。そのわりに機転が利き、協調性も高い。周囲を引っ張っていく力は抜群。人にすり寄る言動が敬遠されることも。

# 火星人と各干支の相性

| 干支 | ＋ | − |
|---|---|---|
| 子 | 息が合う素晴らしい組み合わせ。 | 近づきすぎると嫌な面にうんざり。 |
| 丑 | 長く付き合うほど先行きが不透明。 | お互いに信頼し合える最高の相手。 |
| 寅 | 心を開いて話ができるパートナー。 | 〝殺界〟のパワーをやわらげる存在。 |
| 卯 | フィーリングの合うよきライバル。 | プライドを捨てて付き合える相手。 |
| 辰 | 一緒にいると優しい気持ちに。 | 経済的メリットを得られる期待も。 |
| 巳 | 深く付き合うなら覚悟が必要。 | あなたのリードでよき相棒に変身。 |
| 午 | 押しが強すぎると引かれる心配が。 | 信頼関係を築くのは難しそう。 |
| 未 | 仲の良い関係でいられるのは一時的。 | 歯車が噛み合わず不満が募る関係。 |
| 申 | 新鮮な刺激を与えてくれる存在。 | 何かと鼻につきイライラさせられる。 |
| 酉 | お互いに才能を伸ばし合えそう。 | 割り切って付き合うとうまくいく。 |
| 戌 | 離れていても心は通じ合う関係。 | 自分が辛いときに頼りたくなる相手。 |
| 亥 | 些《さ》細《さい》なことで感情的になりがち。 | 仕事で組めば強気になれそう。 |

# 地運早見表

| 水星人 | | 木星人 | | 天王星人 | | 火星人 | | 金星人 | | 土星人 | | 自分の運命星／相手の干支 |
|---|---|---|---|---|---|---|---|---|---|---|---|---|
| − | ＋ | − | ＋ | − | ＋ | − | ＋ | − | ＋ | − | ＋ | |
| × | × | ○ | ○ | ▲ | ◎ | △ | ◎ | ○ | ○ | × | ◎ | 子 |
| × | × | ○ | × | ◎ | ○ | ◎ | ▲ | ○ | △ | ◎ | ○ | 丑 |
| × | ◎ | × | × | ○ | ○ | ▲ | ◎ | △ | ◎ | ○ | ○ | 寅 |
| ◎ | ○ | × | × | ○ | × | ◎ | ○ | ◎ | ▲ | ○ | △ | 卯 |
| ○ | ○ | × | ◎ | × | × | ○ | ○ | ▲ | ◎ | △ | ◎ | 辰 |
| ○ | △ | ◎ | ○ | × | × | ○ | × | ◎ | ○ | ◎ | ▲ | 巳 |
| △ | ◎ | ○ | ○ | × | ◎ | × | × | ○ | ○ | ▲ | ◎ | 午 |
| ◎ | ▲ | ○ | △ | ◎ | ○ | × | × | ○ | × | ◎ | ○ | 未 |
| ▲ | ◎ | △ | ◎ | ○ | ○ | × | ◎ | × | × | ○ | ○ | 申 |
| ◎ | ○ | ◎ | ▲ | ○ | △ | ◎ | ○ | × | × | ○ | × | 酉 |
| ○ | ○ | ▲ | ◎ | △ | ◎ | ○ | ○ | × | ◎ | × | × | 戌 |
| ○ | × | ◎ | ○ | ◎ | ▲ | ○ | △ | ◎ | ○ | × | × | 亥 |

**表の見方**
◎……理想的な組み合わせ
○……ほぼ安心していい組み合わせ
△……良い関係を保つには条件のつく組み合わせ
▲……波瀾のある組み合わせ
×……関わり合わない方がいい組み合わせ

# 火星人のあなたの「人運」早見表

| | |
|---|---|
| △ 火星人×天王星人 | × 火星人×土星人 |
| あなたの言動を、現実的な観点で厳しくチェックする天王星人は鬱《うっ》陶《とう》しい存在。でも、それが火星人らしさを活かすこともあるでしょう。自分の方から飛び込んでいくと、力が発揮できそうです。 | お互いのプライドがぶつかると火花を散らすことが多いはず。しかも、自分の本音をなかなか明かさないあなたは、相手にとって目障りな存在です。ときにはあなたが下手に出てみるといいのでは。 |
| ▲ 火星人×木星人 | ○ 火星人×金星人 |
| 火星人の価値観・生き方は木星人に受け入れにくいところがあるようです。事あるごとに対立していては疲れるばかり。でも素晴らしい発想を理論づけてもらえれば、あなたの存在意義が高まるはず。 | あなたが心の底で思っていることをさりげなく感じ取ってくれるありがたい存在。事あるごとに感謝の気持ちを伝えてみましょう。ますますご機嫌になり、喜んであなたをサポートしてくれるはずです。 |
| △ 火星人×水星人 | ▲ 火星人×火星人 |
| わかり合えず頻繁に衝突しそう。お互いの良さを活かすなら、相手の価値観を受け入れようという気持ちを忘れないこと。どちらかが〝大殺界〟に入ったときは大きなトラブルに発展してしまう予感も。 | 自分もそうであるのを忘れ、相手の気まぐれやいい加減なところを責めてしまいそう。「人のふり見て我がふり直せ」を実行できれば良い関係に。相手がピンチのときは救いの手を差し伸べましょう。 |

表の見方
◎……理想的な組み合わせ
○……ほぼ安心していい組み合わせ
△……良い関係を保つには条件のつく組み合わせ
▲……波瀾のある組み合わせ
×……関わり合わない方がいい組み合わせ

## 大切な人と相性が悪いときの対処法

家族、恋人、仕事仲間など社会生活の中でさまざまな人と触れ合う際に、「相性」による問題が生じる場合があります。P101〜P120のように『六星占術』を使い星人や運気、そして干支《えと》から割り出した相性をお伝えすると、大切な人と相性が悪かった際に不安を感じる方が少なくないようです。代表的な2つの例を挙げながら、相性が悪い場合の対処法を解説したいと思います。

### ◆ケース1．結婚を考えている人と相性が悪い場合

結婚を考える際に『六星占術』を使い、お互いの運気を割り出して良い時期を決める方が多いのですが、その際、二人の相性が悪い場合に「相性が悪いので結婚は考え直した方がいいでしょうか？」という相談を受けることがあります。

ハッキリとお伝えしますが、P119の「地運《ちうん》」やP120の「人運《じんうん》」が悪い場合、相性は良くありません。だからこそ「×」とわかりやすく表記してあるのです。

ですが、相性が悪いからといって結婚そのものを諦《あきら》めてしまうのは考えものです。確かに相性の良い者同士の方が、スムーズな道を歩めることは違いありません。しかし相性が悪いからといって悪い結果に蓋をするのではなく、しっかりと向き合って解決法を考えていきましょう。

まずは、**「お互いに相性が良くない」ということを認識する**ことからはじめてみましょう。相性が良くないということは、思考や性質が大きく異なり、お互いを理解しにくい傾向があります。何かを伝える際は「自分の気持ちは伝わりづらい」ということを頭において相手が理解しやすいような説明ができれば、大きな誤解や衝突を避けることができるでしょう。

次に**結婚をする時期は、お互いの運気が良いときを選ぶ**ようにしましょう。なぜなら、運気が低迷しているときは気が乱れ、判断を誤ってしまうことが多々あるからです。結婚はお互いの運気の良いときにするのがベストですが、やむをえない場合は、男性の運気が良いときを選ぶようにしましょう。

これらのことを意識するだけでも、ずいぶんと相性の悪さをカバーできるでしょう。

### ◆ケース2. 子供や結婚相手と相性が悪い場合

結婚前の自由な恋愛と違い夫婦や自分の子供となると、たとえ相性が悪くても無責任に逃げることができません。だからこそ『六星占術』で相手の特性をしっかり理解して接する必要があります。

まずは**家族との相性を把握することからはじめてみましょう。**「上の子は素直に聞いてくれるのに、下の子は反発する」「父親が注意すると素直に聞くが、母親の言うことには従わない」。日頃からこのような相談を受けることがありますが、これはお互いの相性の悪さが原因の可能性が大いに考えられます。

そして、**相手の星人の特性をしっかりと理解してください。**例えば、あなたのお子さんが火星人だとしましょう。火星人はプライドが高く、寂しがり屋で束縛を嫌う傾向があります。そんな火星人のお子さんを頭ごなしに叱っても、到底聞き入れてはもらえません。「〇〇してくれると助かる」というように、優しく伝えることを心がけると聞き入れてくれることも増えるでしょう。そして本人がやりたいことを尊重し、頼ったり寄り添ったりしながら見守ってあげることができれば、子供の生まれ持った才能を最大限に伸ばしてあげることができるのです。

家族間だけでなく、会社の上司、起業仲間など、社会生活を営むうえで避けては通れない人間関係が存在します。「相性が悪い」と諦《あきら》めるのではなく、お互いの性質を理解して、歩み寄る努力をすること。これこそが『六星占術』の上手な活用法です。

人は多くの人と関わりを持つことで豊かな心を育むことができます。相手に自分の意見ややり方を押しつけるのではなく、まずは素直になり自分から変わってみること。これこそが人間関係を円滑にする極意なのです。

◆相性が悪い場合の対処のポイント

・相性が悪いことを素直に受け入れる
・結婚はお互いの運気が良いときに
・自分と相手の性質を理解する
・相手の性質に合わせた方法でアプローチ
・相手に変わることを求めず、まずは自分から変わる

# 火星人の運命カレンダー

2023年10月～2024年12月

**●運命カレンダーの見方**

火星人（＋）と（－）の毎日の運気がわかります。　で示した部分は〝大殺界〟で、特に注意が必要です。なお、注意したい〝アンラッキーデー〟と、スムーズにいきやすい〝ラッキーデー〟、より幸運な〝超ラッキーデー〟については、第４章の「月別運気」を参照してください。

## 2023年 火星人(－)年運 再会

| 12月 健弱 | 11月 立花 | 10月 緑生 | 月/日 月運 |
|---|---|---|---|
| 安定 | 立花 | 財成 | 1 |
| 陰影 | 健弱 | 安定 | 2 |
| 停止 | 達成 | 陰影 | 3 |
| 減退 | 乱気 | 停止 | 4 |
| 種子 | 再会 | 減退 | 5 |
| 緑生 | 財成 | 種子 | 6 |
| 立花 | 安定 | 緑生 | 7 |
| 健弱 | 陰影 | 立花 | 8 |
| 達成 | 停止 | 健弱 | 9 |
| 乱気 | 減退 | 達成 | 10 |
| 再会 | 種子 | 乱気 | 11 |
| 財成 | 緑生 | 再会 | 12 |
| 安定 | 立花 | 財成 | 13 |
| 陰影 | 健弱 | 安定 | 14 |
| 停止 | 達成 | 陰影 | 15 |
| 減退 | 乱気 | 停止 | 16 |
| 種子 | 再会 | 減退 | 17 |
| 緑生 | 財成 | 種子 | 18 |
| 立花 | 安定 | 緑生 | 19 |
| 健弱 | 陰影 | 立花 | 20 |
| 達成 | 停止 | 健弱 | 21 |
| 乱気 | 減退 | 達成 | 22 |
| 再会 | 種子 | 乱気 | 23 |
| 財成 | 緑生 | 再会 | 24 |
| 安定 | 立花 | 財成 | 25 |
| 陰影 | 健弱 | 安定 | 26 |
| 停止 | 達成 | 陰影 | 27 |
| 減退 | 乱気 | 停止 | 28 |
| 種子 | 再会 | 減退 | 29 |
| 緑生 | 財成 | 種子 | 30 |
| 立花 | | 緑生 | 31 |

## 2023年 火星人(＋)年運 財成

| 12月 達成 | 11月 健弱 | 10月 立花 | 月/日 月運 |
|---|---|---|---|
| 陰影 | 健弱 | 安定 | 1 |
| 停止 | 達成 | 陰影 | 2 |
| 減退 | 乱気 | 停止 | 3 |
| 種子 | 再会 | 減退 | 4 |
| 緑生 | 財成 | 種子 | 5 |
| 立花 | 安定 | 緑生 | 6 |
| 健弱 | 陰影 | 立花 | 7 |
| 達成 | 停止 | 健弱 | 8 |
| 乱気 | 減退 | 達成 | 9 |
| 再会 | 種子 | 乱気 | 10 |
| 財成 | 緑生 | 再会 | 11 |
| 安定 | 立花 | 財成 | 12 |
| 陰影 | 健弱 | 安定 | 13 |
| 停止 | 達成 | 陰影 | 14 |
| 減退 | 乱気 | 停止 | 15 |
| 種子 | 再会 | 減退 | 16 |
| 緑生 | 財成 | 種子 | 17 |
| 立花 | 安定 | 緑生 | 18 |
| 健弱 | 陰影 | 立花 | 19 |
| 達成 | 停止 | 健弱 | 20 |
| 乱気 | 減退 | 達成 | 21 |
| 再会 | 種子 | 乱気 | 22 |
| 財成 | 緑生 | 再会 | 23 |
| 安定 | 立花 | 財成 | 24 |
| 陰影 | 健弱 | 安定 | 25 |
| 停止 | 達成 | 陰影 | 26 |
| 減退 | 乱気 | 停止 | 27 |
| 種子 | 再会 | 減退 | 28 |
| 緑生 | 財成 | 種子 | 29 |
| 立花 | 安定 | 緑生 | 30 |
| 健弱 | | 立花 | 31 |

## 2024(令和6)年 火星人(＋) 年運 安定

| 12月 達成 | 11月 健弱 | 10月 立花 | 9月 緑生 | 8月 種子 | 7月 減退 | 6月 停止 | 5月 陰影 | 4月 安定 | 3月 財成 | 2月 再会 | 1月 乱気 | 月/日 月運 |
|---|---|---|---|---|---|---|---|---|---|---|---|---|
| 健弱 | 陰影 | 立花 | 安定 | 緑生 | 再会 | 種子 | 乱気 | 減退 | 達成 | 減退 | 達成 | 1 |
| 達成 | 停止 | 健弱 | 陰影 | 立花 | 財成 | 緑生 | 再会 | 種子 | 乱気 | 種子 | 乱気 | 2 |
| 乱気 | 減退 | 達成 | 停止 | 健弱 | 安定 | 立花 | 財成 | 緑生 | 再会 | 緑生 | 再会 | 3 |
| 再会 | 種子 | 乱気 | 減退 | 達成 | 陰影 | 健弱 | 安定 | 立花 | 財成 | 立花 | 財成 | 4 |
| 財成 | 緑生 | 再会 | 種子 | 乱気 | 停止 | 達成 | 陰影 | 健弱 | 安定 | 健弱 | 安定 | 5 |
| 安定 | 立花 | 財成 | 緑生 | 再会 | 減退 | 乱気 | 停止 | 達成 | 陰影 | 達成 | 陰影 | 6 |
| 陰影 | 健弱 | 安定 | 立花 | 財成 | 種子 | 再会 | 減退 | 乱気 | 停止 | 乱気 | 停止 | 7 |
| 停止 | 達成 | 陰影 | 健弱 | 安定 | 緑生 | 財成 | 種子 | 再会 | 減退 | 再会 | 減退 | 8 |
| 減退 | 乱気 | 停止 | 達成 | 陰影 | 立花 | 安定 | 緑生 | 財成 | 種子 | 財成 | 種子 | 9 |
| 種子 | 再会 | 減退 | 乱気 | 停止 | 健弱 | 陰影 | 立花 | 安定 | 緑生 | 安定 | 緑生 | 10 |
| 緑生 | 財成 | 種子 | 再会 | 減退 | 達成 | 停止 | 健弱 | 陰影 | 立花 | 陰影 | 立花 | 11 |
| 立花 | 安定 | 緑生 | 財成 | 種子 | 乱気 | 減退 | 達成 | 停止 | 健弱 | 停止 | 健弱 | 12 |
| 健弱 | 陰影 | 立花 | 安定 | 緑生 | 再会 | 種子 | 乱気 | 減退 | 達成 | 減退 | 達成 | 13 |
| 達成 | 停止 | 健弱 | 陰影 | 立花 | 財成 | 緑生 | 再会 | 種子 | 乱気 | 種子 | 乱気 | 14 |
| 乱気 | 減退 | 達成 | 停止 | 健弱 | 安定 | 立花 | 財成 | 緑生 | 再会 | 緑生 | 再会 | 15 |
| 再会 | 種子 | 乱気 | 減退 | 達成 | 陰影 | 健弱 | 安定 | 立花 | 財成 | 立花 | 財成 | 16 |
| 財成 | 緑生 | 再会 | 種子 | 乱気 | 停止 | 達成 | 陰影 | 健弱 | 安定 | 健弱 | 安定 | 17 |
| 安定 | 立花 | 財成 | 緑生 | 再会 | 減退 | 乱気 | 停止 | 達成 | 陰影 | 達成 | 陰影 | 18 |
| 陰影 | 健弱 | 安定 | 立花 | 財成 | 種子 | 再会 | 減退 | 乱気 | 停止 | 乱気 | 停止 | 19 |
| 停止 | 達成 | 陰影 | 健弱 | 安定 | 緑生 | 財成 | 種子 | 再会 | 減退 | 再会 | 減退 | 20 |
| 減退 | 乱気 | 停止 | 達成 | 陰影 | 立花 | 安定 | 緑生 | 財成 | 種子 | 財成 | 種子 | 21 |
| 種子 | 再会 | 減退 | 乱気 | 停止 | 健弱 | 陰影 | 立花 | 安定 | 緑生 | 安定 | 緑生 | 22 |
| 緑生 | 財成 | 種子 | 再会 | 減退 | 達成 | 停止 | 健弱 | 陰影 | 立花 | 陰影 | 立花 | 23 |
| 立花 | 安定 | 緑生 | 財成 | 種子 | 乱気 | 減退 | 達成 | 停止 | 健弱 | 停止 | 健弱 | 24 |
| 健弱 | 陰影 | 立花 | 安定 | 緑生 | 再会 | 種子 | 乱気 | 減退 | 達成 | 減退 | 達成 | 25 |
| 達成 | 停止 | 健弱 | 陰影 | 立花 | 財成 | 緑生 | 再会 | 種子 | 乱気 | 種子 | 乱気 | 26 |
| 乱気 | 減退 | 達成 | 停止 | 健弱 | 安定 | 立花 | 財成 | 緑生 | 再会 | 緑生 | 再会 | 27 |
| 再会 | 種子 | 乱気 | 減退 | 達成 | 陰影 | 健弱 | 安定 | 立花 | 財成 | 立花 | 財成 | 28 |
| 財成 | 緑生 | 再会 | 種子 | 乱気 | 停止 | 達成 | 陰影 | 健弱 | 安定 | 健弱 | 安定 | 29 |
| 安定 | 立花 | 財成 | 緑生 | 再会 | 減退 | 乱気 | 停止 | 達成 | 陰影 |  | 陰影 | 30 |
| 陰影 |  | 安定 |  | 財成 | 種子 |  | 減退 |  | 停止 |  | 停止 | 31 |

# 2024(令和6)年　火星人(－) 年運　財成

| 12月 健弱 | 11月 立花 | 10月 緑生 | 9月 種子 | 8月 減退 | 7月 停止 | 6月 陰影 | 5月 安定 | 4月 財成 | 3月 再会 | 2月 乱気 | 1月 達成 | 月/日 月運 |
|---|---|---|---|---|---|---|---|---|---|---|---|---|
| 立花 | 安定 | 緑生 | 財成 | 種子 | 乱気 | 減退 | 達成 | 停止 | 健弱 | 停止 | 健弱 | 1 |
| 健弱 | 陰影 | 立花 | 安定 | 緑生 | 再会 | 種子 | 乱気 | 減退 | 達成 | 減退 | 達成 | 2 |
| 達成 | 停止 | 健弱 | 陰影 | 立花 | 財成 | 緑生 | 再会 | 種子 | 乱気 | 種子 | 乱気 | 3 |
| 乱気 | 減退 | 達成 | 停止 | 健弱 | 安定 | 立花 | 財成 | 緑生 | 再会 | 緑生 | 再会 | 4 |
| 再会 | 種子 | 乱気 | 減退 | 達成 | 陰影 | 健弱 | 安定 | 立花 | 財成 | 立花 | 財成 | 5 |
| 財成 | 緑生 | 再会 | 種子 | 乱気 | 停止 | 達成 | 陰影 | 健弱 | 安定 | 健弱 | 安定 | 6 |
| 安定 | 立花 | 財成 | 緑生 | 再会 | 減退 | 乱気 | 停止 | 達成 | 陰影 | 達成 | 陰影 | 7 |
| 陰影 | 健弱 | 安定 | 立花 | 財成 | 種子 | 再会 | 減退 | 乱気 | 停止 | 乱気 | 停止 | 8 |
| 停止 | 達成 | 陰影 | 健弱 | 安定 | 緑生 | 財成 | 種子 | 再会 | 減退 | 再会 | 減退 | 9 |
| 減退 | 乱気 | 停止 | 達成 | 陰影 | 立花 | 安定 | 緑生 | 財成 | 種子 | 財成 | 種子 | 10 |
| 種子 | 再会 | 減退 | 乱気 | 停止 | 健弱 | 陰影 | 立花 | 安定 | 緑生 | 安定 | 緑生 | 11 |
| 緑生 | 財成 | 種子 | 再会 | 減退 | 達成 | 停止 | 健弱 | 陰影 | 立花 | 陰影 | 立花 | 12 |
| 立花 | 安定 | 緑生 | 財成 | 種子 | 乱気 | 減退 | 達成 | 停止 | 健弱 | 停止 | 健弱 | 13 |
| 健弱 | 陰影 | 立花 | 安定 | 緑生 | 再会 | 種子 | 乱気 | 減退 | 達成 | 減退 | 達成 | 14 |
| 達成 | 停止 | 健弱 | 陰影 | 立花 | 財成 | 緑生 | 再会 | 種子 | 乱気 | 種子 | 乱気 | 15 |
| 乱気 | 減退 | 達成 | 停止 | 健弱 | 安定 | 立花 | 財成 | 緑生 | 再会 | 緑生 | 再会 | 16 |
| 再会 | 種子 | 乱気 | 減退 | 達成 | 陰影 | 健弱 | 安定 | 立花 | 財成 | 立花 | 財成 | 17 |
| 財成 | 緑生 | 再会 | 種子 | 乱気 | 停止 | 達成 | 陰影 | 健弱 | 安定 | 健弱 | 安定 | 18 |
| 安定 | 立花 | 財成 | 緑生 | 再会 | 減退 | 乱気 | 停止 | 達成 | 陰影 | 達成 | 陰影 | 19 |
| 陰影 | 健弱 | 安定 | 立花 | 財成 | 種子 | 再会 | 減退 | 乱気 | 停止 | 乱気 | 停止 | 20 |
| 停止 | 達成 | 陰影 | 健弱 | 安定 | 緑生 | 財成 | 種子 | 再会 | 減退 | 再会 | 減退 | 21 |
| 減退 | 乱気 | 停止 | 達成 | 陰影 | 立花 | 安定 | 緑生 | 財成 | 種子 | 財成 | 種子 | 22 |
| 種子 | 再会 | 減退 | 乱気 | 停止 | 健弱 | 陰影 | 立花 | 安定 | 緑生 | 安定 | 緑生 | 23 |
| 緑生 | 財成 | 種子 | 再会 | 減退 | 達成 | 停止 | 健弱 | 陰影 | 立花 | 陰影 | 立花 | 24 |
| 立花 | 安定 | 緑生 | 財成 | 種子 | 乱気 | 減退 | 達成 | 停止 | 健弱 | 停止 | 健弱 | 25 |
| 健弱 | 陰影 | 立花 | 安定 | 緑生 | 再会 | 種子 | 乱気 | 減退 | 達成 | 減退 | 達成 | 26 |
| 達成 | 停止 | 健弱 | 陰影 | 立花 | 財成 | 緑生 | 再会 | 種子 | 乱気 | 種子 | 乱気 | 27 |
| 乱気 | 減退 | 達成 | 停止 | 健弱 | 安定 | 立花 | 財成 | 緑生 | 再会 | 緑生 | 再会 | 28 |
| 再会 | 種子 | 乱気 | 減退 | 達成 | 陰影 | 健弱 | 安定 | 立花 | 財成 | 立花 | 財成 | 29 |
| 財成 | 緑生 | 再会 | 種子 | 乱気 | 停止 | 達成 | 陰影 | 健弱 | 安定 |  | 安定 | 30 |
| 安定 |  | 財成 |  | 再会 | 減退 |  | 停止 |  | 陰影 |  | 陰影 | 31 |

## 細木かおり（ほそきかおり）

1978年12月11日生まれ●一男二女の母であり、二人の孫を持つ。細木数子のマネージャー兼アシスタントを経て、六星占術の継承者に。母・数子の意志を継承し、さまざまな世代に六星占術をどのように活かせるかを伝えている。著書に『六星占術によるあなたの運命』『母・細木数子から受け継いだ幸福論　あなたが幸せになれない理由』『驚くほど人間関係が好転する!六星占術』『六星占術12運の周期リズムにのって超開運あなたの未来を示す羅針盤』、ほかに母・数子との共著で『六星占術による　あなたの宿命』がある。個人鑑定のお申し込み方法などは公式ホームページofficehosoki.comに掲載。各種お知らせは公式LINEアカウント「六星占術公式@hosokikaori」にて、日々の活動はインスタグラム「kaori_hosoki_official」にて、六星占術の活用方法などはYouTube「細木かおりチャンネル」にて配信。

構成・文　西村真紀
カバーデザイン　細山田デザイン事務所
写真　村山元一（細木かおり）
　　　富田眞光（細木数子）
ヘアメイク　小池茜（MINX）

六星占術《ろくせいせんじゅつ》による 火星人《かせいじん》の運命《うんめい》〈2024（令和《れいわ》6）年版《ねんばん》〉

2023年8月18日　第1刷発行

著者　細木《ほそき》かおり
発行者　鈴木章一
発行所　株式会社　講談社
〒112-8001　東京都文京区音羽2-12-21
編集　03-5395-3447
販売　03-5395-3606
業務　03-5395-3615

KODANSHA

印刷所　凸版印刷株式会社
製本所　株式会社国宝社



ISBN978-4-06-531013-7